南京理工大学外国语学院 | 博 雅 文 丛

杨　蔚　赵熠玮 | 总 主 编

外框架研究

汉语功能标记『了』及其相关句式的

王 晨 著

浙江工商大学出版社 | 杭州
ZHEJIANG GONGSHANG UNIVERSITY PRESS

图书在版编目(CIP)数据

汉语功能标记"了"及其相关句式的外框架研究 /
王晨著. — 杭州 ：浙江工商大学出版社，2024.9
　 ISBN 978-7-5178-6052-5

　 Ⅰ.①汉… Ⅱ.①王… Ⅲ.①现代汉语－句法－研究
Ⅳ.①H146.3

中国国家版本馆 CIP 数据核字(2024)第 105492 号

汉语功能标记"了"及其相关句式的外框架研究

HANYU GONGNENG BIAOJI "LE" JI QI XIANGGUAN JUSHI DE WAIKUANGJIA YANJIU

王　晨 著

策划编辑	姚　媛
责任编辑	鲁燕青
责任校对	胡辰怡
封面设计	望宸文化
责任印制	包建辉
出版发行	浙江工商大学出版社
	（杭州市教工路 198 号　邮政编码 310012）
	（E-mail：zjgsupress@163.com）
	（网址：http://www.zjgsupress.com）
	电话：0571-88904980,88831806(传真)
排　　版	杭州朝曦图文设计有限公司
印　　刷	杭州高腾印务有限公司
开　　本	710mm×1000mm　1/16
印　　张	10
字　　数	166 千
版 印 次	2024 年 9 月第 1 版　2024 年 9 月第 1 次印刷
书　　号	ISBN 978-7-5178-6052-5
定　　价	48.00 元

中央高校基本科研业务费专项资金资助项目(项目编号:30923010411)

南京理工大学外国语学院系列丛书资助项目

Preface

This manuscript is devoted to an in-depth study of the syntax of the particle *le* in Mandarin Chinese. Wang argues, in some detail, that there are two distinct, effectively homophonous *le* particles. One whose function is best characterized in terms of its aspectual role ('verbal *le*'), and another whose function is best characterized in terms of information structure ('sentence-final *le*').

Constructing a careful empirical argument, Wang demonstrates compellingly that verbal *le*, which mostly occurs adjacent to the verb, can be both telic and perfective. In line with much research on aspectual distinctions, Wang proposes to uphold the distinction between inner aspect, sometimes referred to as *aktionsart* or (a) telicity, and viewpoint aspect, which encodes (im) perfectivity. He further proposes that these two distinct categories correspond to distinct syntactic positions. He then proceeds to show that verbal *le* always denotes telicity, and mostly (although not always), perfectivity as well. However, the perfectivity reading can be structurally missing in some contexts, a scheme of things that supports Wang's analysis of verbal *le* as potentially assigning value to two distinct functional syntactic positions, associated with the two distinct functional syntactic positions of *telicity* (or *quantity*) and *perfectivity*.

So-called sentence-final *le*, in contrast, is a focus marker, which corresponds to a distinct, higher syntactic position. Importantly, the aspectual and focal instances of *le* can co-occur, each exhibiting different roles and different scope, thereby proving the existence of two homophonous particles.

I have been familiar with the work and with its development ever since Wang joined our PhD programme at Queen Mary University of London in 2014. It was intellectually stimulating to watch it maturing, and indeed, to watch the emergence of the sophisticated arguments outlined in it. I have learned a lot from it, both about Mandarin Chinese, and about aspectual systems. And I have no doubt others will, as well. This book is an extremely valuable contribution to the study of event structure in Mandarin Chinese, and to our understanding of event structure in general.

Hagit Borer

Fellow of British Academy

Professor of Linguistics, Queen Mary University of London

London, October 2023

自 序

本书的研究起源于作者读硕士研究生时主攻的课题,即有关最简方案框架下汉语完成体标记"了"的研究。在研究期间,作者遇到了很多困难,主要可以总结为如下几点。

首先,作为汉语中应用最广的语法标记之一,有关"了"的研究浩如烟海,但相关研究明显缺乏共识。"了"与事态的完成性有联系,这一点最广为接受,却也存在反对意见,且为数不少。这给后续的研究带来不少困难,因为很难将前人的观点穷尽并逐一讨论。

其次,"了"的用法存在分歧。前人观点五花八门,为此给出的例句也层出不穷,其中很多例句相互冲突。很多时候,学者的分歧仅在于"了"是否可以这么用。对于句法研究来讲,例句就是客观事实,理论则是对事实做出的解释,这一逻辑与自然科学别无二致。因此,当对"事实"本身的认定就出现问题时,解释的部分自然也不可能相互认同。这些分歧或许是受到特定方言的影响,或许仅是特定人群的语感差异,甚至可能是受到例句中其他成分带来的语义上的限制。但对"事实"认定的困难使得"了"的研究始终没有实质性突破。

再次,由于与"了"相关的例句表现出多样化的语义,因此很多研究在试图将差异很大的语义归纳为同一功能时必须尽可能将定义模糊化,使之能够兼容更多的例句。但这些模糊的定义本身只是语义上的重述,与已经形成共识、具有明确定义的学术术语究竟能在多大程度上对应不得而知。也就是说,一些研究只是在"自说自话",无论是否有道理,都无法与其他研究直接对接,这妨碍了在此问题上形成统一的话语体系的进程。

最后,在研究"了"的句法地位与功能时,很多研究都会将汉语方言纳入考量,在方言中寻找发音、用法、功能与普通话"了"相近的标记,借以证明自己的观点。这本身是很好的研究角度。但相当一部分学者没有将这一角度扩展到其他语言中,他们预设"了"句法性质的特殊性,不愿考虑"了"在普适句法框架中的位置,使得一些其他语言研究中有意义、有价值的方法和结论没有得到充分重视。

在面对这些问题时,作者产生了一些模糊的想法:至少在这一问题上,或许应当暂时放下通过观察现象直接归纳规律的传统思路,而是利用相反的思路,首先在统一的理论假设下做出最可能的预测,然后查验预测与实际的匹配度,以及与预测相悖的情况是否受到其他因素的干扰。这一思路与当时主流的词汇主义句法学背道而驰,所以作者尽管以最简方案框架完成了毕业论文,但仍萌生了继续探讨这一问题的想法。

在作者的硕士研究生导师、北京交通大学教授刘伟的鼓励与指引下,作者毕业后来到伦敦大学玛丽女王学院,跟随国际著名语言学家 Hagit Borer 教授学习,继续攻读博士学位。在此期间,作者以外框架理论重新分析了汉语"了"的句法表现,完成了学位论文 *The Syntax of Le in Mandarin Chinese*。这便是本书的前身。在回国工作后的几年里,作者将论文中的部分观点修改、拆分,发表于国内外学术期刊上,收到诸多反馈。基于这些宝贵意见,作者进一步修订内容,删去冗余,追加例句,最终形成了本书。

本书的分析遵循新建构主义句法学的思路,即句法结构由功能项决定,词汇项只是结构上的语义填充。功能项决定了句子的解读方向,词汇项不影响解读方向本身,但会产生兼容性的问题。因此,对于一些表面上与"了"不兼容的句子,本书会试图从语义、语用、语境等方面寻找解释,力图将"了"的句法功能简洁化、明确化。同时基于这一思路,本书以句法功能为标准,将"了"划分为词尾"了"和句尾"了",而非直接基于其线性位置。作者希望能够为汉语"了"的研究提供一种新的思路,也欢迎句法学界的同人赐予宝贵意见。

最后,作者希望借此机会感谢攻读硕士研究生期间刘伟教授的教导,也感谢外框架理论的创始人 Hagit Borer 教授四年的指导,同时感谢其在出版之际为此书作序。此外,本书的出版获得南京理工大学外国语学院系列丛书资助项目的资助,在此一并致谢!

2023 年秋于金陵

目 录

一 绪论

1.1 研究背景

时体标记是汉语中少见的纯功能性标记系统,因此其也是研究汉语句法结构的指向标。与描述事件发生时间的"时制"(tense)不同,"时体"(aspect)或"体"关注的是事件在特定视点下的发展状态。根据 Huang et al.(2009),李莹、徐杰(2010)等人的观点,汉语包含五个不同的时体标记,分别是作为独立语素出现在动词之前的"在""有",以及作为黏着语素以附着的形式紧跟动词之后的"了""着""过"。其中,"了"是应用最广泛、功能最复杂的时体标记,向来是汉语句法学研究的重点之一。根据其在句中的位置,我们一般将"了"分成两类:词尾"了"和句尾"了"。跟随在动词之后的"了"是词尾"了",这类"了"出现在动词后、宾语前,如(1)a。而句尾"了"接在宾语之后,在陈述句中这意味着其一般位于句子的末尾,如(1)b。

(1)a. 张三吃了一个苹果。

b. 张三想家了。

作为时体标记的"了"与动词和论元结构的关系十分紧密,对相关句子的句法推导过程有重要影响。例如,当宾语是"光杆"名词且取非定指解读时,单纯以词尾"了"标记的句子甚至不能独立成句,这在 Tsai(2008)等研究中被称作"完句问题",如(2)a。而一些动态特征较强却又不是常见搭配的动词短语与句尾"了"的兼容性也不是很强,如(2)b。(关于这两个问题的分析详见本书第2章和第6章)

(2)a. *张三喝了酒。

b. *张三看鸟了。

精确描述汉语句法结构和句子的推导过程,是过往传统语言文字研究比较忽视的部分,也是当下汉语研究的重要任务。之所以这么说,是因为句法系统与人脑的认知功能有着紧密的联系。现代语言学认为,语言能力是人类独有的一种自然现象,与动物间交流所借助的信号系统有着本质的不同。人类语言具有的最大区别性特征就是递归性,即以有限的规则生成无限的句子。婴儿总能在有限的时间和输入下迅速掌握复杂的母语也为这一说法提供了佐证。这便是语言学界著名的"柏拉图问题"。理性主义认为,人类的语言能力来自生物进化产生的一套语言官能。语言官能依存于大脑之中固有的神经系统,与外部输入的语言数据互动形成个体语言。这一假说在生物学和考古学上也能找到一定证据。例如,作为语言发生至关重要的条件之一,现代版FOXP2基因出现的时间不超过二十万年(Piattelli-Palmarini & Uriagereka,2011),这正好与唯一掌握语言的智人出现的时间相吻合。程工(2018)认为,语言是一套较晚出现、突变而成的生理系统,所以语言官能只能具有一套简单的内部结构。这是因为复杂结构只可能是经历长期演化的结果。因此,"简洁"也是语言学理论追求的重要原则。

语言能力既然为人类所共有,那么不同人种间语言官能的运作方式应该是相近的。只是,以当代脑科学的发展水平,短时间内尚无法对其做出直观而精确的描述。作为语言官能运作的产物,句法结构虽然只反映特定语言的规则,但可以借此反推不同语言的共性,从而逼近设想中的"普遍语法原则"。基于这一构想,美国语言学家乔姆斯基(Chomsky)于20世纪中叶提出了生成语法理论。经过半个多世纪的发展,当代生成语法进入了最简方案阶段,其中重要的思想之一就是Borer-Chomsky猜想:不同语言纷繁复杂的语法规则都是由有限的参数控制的,而参数的变化都可以归因于语言中功能词项的特征不同(Chomsky,2008)。这一猜想把功能词项在句法结构中的地位提升到了极高的位置。可以说,对句法结构的研究就是对功能词项的研究。遗憾的是,印欧语中常见的"性、数、格"变化在汉语中极其稀少,而时制是否存在一直以来都饱受争议(Huang,1982;Lin,2003,2006)。因此,功能性时体标记变成了分析汉语句法结构时最重要的研究对象。

语言学界对于附着型时体标记的关注一直未曾消退,但关于"了"一直有不同意见。传统认为"了"是个"完整体"标记,等同于英语里的perfective(Smith,1997;Huang et al.,2009)。但不同意见始终存在,其中比较流行的一派观点就把"了"的功能总结成"实现体",即无论事态的性质如何,只要发生就可以用"了"(刘勋宁,1988)。在此基础上,Lin(2003,2006)试图为"实现说"赋予更规范的语义表达。而林若望(2017)把词尾"了"的功能划分成三个部分:一是完整体,传达事件已告一段落;二是非完整体,表示事件完成后结果状态的存续;三是相对过去式,表示主题时间和参考时间的先后性。此外,Sybesma(1997,1999)等研究还认为,"了"应该类似动结式里的结果状语,是词汇项而非功能项。这一观点跟陈刚(1957)、马希文(1983)中补语性质的"了$_3$"有些类似,只是"了$_3$"一般被认为是独立于时体标记"了$_1$"和句尾标记"了$_2$"的第三种"了"。

从以上的简略回顾可以看出,学界对时体标记语法功能的描写越来越精细,但大多试图从语义方面划定使用范围,等于是将含时体标记的句意总结了一遍。这对于确定时体标记在句法结构中的地位没有太多帮助,并且会因为想要囊括更多范例导致定义越来越复杂。这与语言学追求理论简洁的思想背道而驰。

从句法结构角度直接研究时体标记的文献当然也有。例如,Gu(1995),李梅、赵卫东(2008),Huang et al.(2009)等运用核查理论论述了"了""着""过"三个时体标记的句法属性。他们认为这类时体标记并非原始生成于时体投射 AspP[①] 的位置,而是一种动词后缀。它们在句法上不是独立存在的,而是在词库层面便跟动词结合,然后所带的体特征在逻辑式层面被吸引到 Asp 处接受核查。这样的分析十分简约,但无法解释一些实际现象,比如在动词并列结构中附着型时体标记一般只会出现在第二个动词之后,如(3)a、(3)b 所示。动词并列只能是句法层面的操作,因此时体标记与动词的合并也只能发生在句法层,否则两个动词应该都带有时体标记。

(3)a. 张三阅读并评注了那本书。

　　b. *张三阅读了并评注(了)那本书。

即使 Sybesma(1997,1999)把"了"分析成结果状语也无法避免这一问题。更重要的是,"了"与结果状语在句式分布上有很大不同。如(4),一般结果状语可以用于进行体,"了"却不行。

(4)张三正在杀(死/*了)他的猪。

以细化分类的方式分析时体标记常见于李莹、徐杰(2010),Tsai(2008)等文献中。考虑到黏着语素不能独立使用这一特性,这类研究一般以轻动词 v 节点容纳"了""着""过"这类附着标记。这些时体标记不需要跟 Asp 位置所带的特征进行核查,而是自带不可解读特征,需要动词提升与它们进行核查。但是这种说法下的三个附着型时体标记全都处于同一位置,很难从句法上区分不同时体标记在功能和分布上展现出的区别。Tsai(2008)则把独立型标记和"过"放在 vP 之上的 ASP1,把附着型标记"了""着"放在 vP 之下的 ASP2,并认为只有 ASP1 之下的时体标记才能提升到 TP 位置约束事件变量 e。这可以解释(1)a 中的完句问题,却无法解释"了"自身用法的一些限制。比如,同为包含定量宾语的结构,"了"可以出现在(5)a 中,却不能出现在(5)b 中。以上综述说明,关于两种"了"的相关句式仍有很多不明之处尚待研究,尤其是在句法地位和推导过程方面需要更理论化的推进。

---

① 关于本书的英语术语简写,可参照"附录　英语术语简写对照"。

(5)a. 张三吃了那个苹果。

　　b. *张三弹了那架钢琴。

本书的分析借助 Borer(2005a,2005b)构建的外框架(exo-skeletal)理论。其最大的特点就是允许词项和句法功能在一定程度上剥离。句法结构不再是由某一词项从词库中带出的特征投射而成,而是由抽象的功能空项(open value)直接搭起框架,在接受词项的赋值(assign range)后产生相应解读。更精细的语义内涵则是句法构式与外部积累的知识经验相结合的效果,不属于句法范畴。这为句式的解读留出了更多灵活性,由此避免了上面提到的不断添加描述性内容以至定义臃肿的问题。而传统做法是把词项跟功能挂钩,于是当出现相互矛盾的功能时就会产生问题,有时不得不另立词项以容纳新功能。比如,词尾"了"跟完整体功能密切相关,一般也被认作完整时体标记,但有些时候词尾"了"也会出现在非完整体情境中表达尚未发生的事件,如(6)。

(6)你必须娶了那个女孩。

这一功能与完整时体标记相悖,因此不得不另立补语性质的"了$_3$",却又无法解释本应跟完整体无关的"了$_3$"不能出现在进行体和习惯体中。但在外框架理论下,完整体功能可以由抽象的完整体空项承担,"了"只是为其赋值的词项。当在推导过程中完整体空项没并入句法结构时,"了"的出现也不会为其赋值,因此也不会有完整体解读出现。如此,完整体与非完整体的"了"得到统一,也就不需要"了$_3$"作为独立分类出现,从而简化理论的同时增强了解释力。

除此之外,外框架理论在解释完句问题时也有一定优势,因为这一理论允许词项和短语通过直接和间接多种手段为空项赋值,因此可以把复杂的完句条件全部整合为不同的赋值手段。关于外框架理论的细节将在下一节说明。

相较于过往对于"了"的研究,本书分析的不同之处可以总结为如下五点:

①关注句子内部的结构和推导过程,而非全句的语义和解读;

②采用新兴的外框架理论视角分析,而非基于传统的特征核查和投射;

③以句法功能划分"了"的类型,而非只看句内位置;

④重视"了"的句法地位和功能对不同句式的影响,做出理论预测和验证;

⑤关注不同语言中类似现象的异同,进行跨语言对比分析,重视理论的普适性。

1.2　理论与术语

生成语法的新建构主义是句法学界当前发展的方向。新建构主义认为,句法运算的主体负担应该由"结构模板"承担,这是在普遍语法层面便已经决定的。而特定语言具体词项在词库中形成的"词条"仅包含少量语音信息。与投射主义不同,新建构主义认为句法结构的构建并不依赖于具体词项的投射。一个合法语句的生成,首先依赖功能短语构成的句法结构,其次受限于受社会文化等外在因素影响的认知和百科知识。新建构主义和投射主义的差别如(7)所示。

(7)a. 投射主义:词库词条—谓词结构—句法框架

　　b. 新建构主义:句法框架—谓词结构—事件解读—认知含义

(Borer,2005a:9)

Halle & Marantz(1993)、Marantz(2013)主 导 的 分 布 式 形 态 学(Distributed Morphology,DM),以及Ramchand(2008)提出的第一语段句法等都是新建构主义下衍生出的理论框架。这些理论的细节在此不再详述,但需要注意的是,新建构主义的理论大多认为论元并非由动词选择,因此论旨角色的指派与动词无关,而是由功能结构决定的。这正是本书分析的逻辑基础。

对于基础短语结构,本书的分析思路来源于动词和论元的分离。既然句法推导不由词汇主导,那么动词应该也无法选择论元,进而论旨角色的解读本质也与动词语义无关。因此,负责引入论元的也不是动词,而是特定的功能语类。这一思路使得论元初次合并进入结构的位置和移动的落点都与传统投射主义下有所不同。在这些变化中,最重要的就是论元不再是动词的补足语(complement)或指示语(specifier)。Borer(2005b)认为单纯的动词短语(VP)结构内部不含论元。一般作为宾语出现的内论元初始合并的位置是在VP之上的功能短语指示语位置。当事件具有终结性(telic)时,这一功能短语是表达量化含义的Asp_QP。当情景类型是非终结性(atelic)时,VP上的功能短语是一个仅有赋格功能的FP。整个短语结构如(8)所示。

(8)

外论元进入结构的方式与此十分类似。Kratzer(1996)、Alexiadou(2014)等都

认为外论元合并于VP之上语态短语(VoiceP)的指示语位置。这一功能短语不会出现在被动和非宾格结构中,所以如果结构中缺少VoiceP,外论元也无法进入结构。这解释了被动或非宾格结构中没有施事的现象。结合上面对内、外论元的分析,本书将新建构主义思路下谓词部分的短语结构大致总结如(9)所示。

(9)

新建构主义下动词既不选择论元也不为其赋格,且两者之间可以通过移位来调整语序。动词和论元间看似紧密的语义关联其实是社会常识影响下自动建立的,所以在不同语境下两者的语义联系随时可以改变。这意味着这一思路对句法结构和语义关系的处理相比以往更加灵活,为受制于语义选择性关系而产生的问题带来了出路。

本书在分析时借用的理论框架是Borer(2005a,2005b)提出的外框架理论,其同样也是新建构主义浪潮下的理论体系。这一理论的核心观点是一个短语最终的解读由两个部分共同决定:一是句法结构,二是人们的认知观念。而词汇只是句法结构上的点缀。在演算手段上,外框架理论的核心在于空项赋值。Borer(2005a,2005b)认为一个功能性结构具有两个成对出现的中心语,其中一个是空项,只能决定结构的语类特征(categorical feature),另一个则是它的赋值项。当结构中每个空项都得到合理的赋值时,运算即收敛(converge)。

(10)所示的结构中,$<e>_F$就是空项,而$R(F)$则是其赋值项,两者均为FP短语的中心语。在$R(F)$为空时,处于标示词位置的XP也可以通过"标示词—中心语"一致性关系为$<e>_F$赋值。

(10)
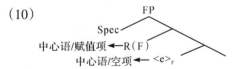

另外,Borer(2005b)认为内时体和外时体一样,句法上具有与其对应的功能结构,记作Asp_QP,其中心语空项记作$<e>_Q$。但Asp_QP只在量化事件结构中出现。也就是说,终结性事件是句法结构中具有Asp_QP的事件,非终结性事件是不具有这一投射的事件。英语中没有独立的终结性标记(telic maker),不会有语素出现在(10)中 R(F)的位置上,因此需要量化名词短语出现在(10)中[Spec,FP]的位置上,然后通过一致性关系进行空项赋值。汉语的情况与英语不同,本书认为词尾"了"就是占据 R(F)位置的赋值项,可以为<e>$_Q$直接赋值,因此有"了"出现的句子描述的都是终结性事件。即使宾语因为其他原因移位至"了"之前,也不会改变"了"对<e>$_Q$的赋值功能。因此,所有为句子带来完整体解读的"了"都是词尾"了",跟完整体无关的才是句尾"了",与线性位置无关。这即是本书的核心假设。

1.3　本书结构

本书共分为八章。

第1章主要交代本书针对性研究的问题、研究视角和借用的理论框架。

第2章针对词尾"了"的句法功能和地位做出关键性假设:词尾"了"是内时体终结性标记,被词尾"了"标记的句子描述的都是量化事件。与此同时,"了"还可以通过一致性为外时体的完整体空项赋值,从而产生完整体解读。可以说,含词尾"了"的句子大部分都是表达完整体终结性事件。针对前人研究中提到的"了"可以用在非终结性事件的例子,本章也会做一定讨论,并指出其表达的语义并不与终结性冲突。

第3章主要讨论对"了"是终结性标记这一关键假设表面上构成威胁的一些现象,主要是词尾"了"运用在静态情景中的例子。本章提出所谓"终结性",其实是"量化"这一概念在动态事件中的解读,但"量化"其实也可以与静态情景兼容,表达程度的"量"。这与本书的核心假设并不冲突。

第4章是核心假设带来的一个重要理论预测,即词尾"了"依赖与外时体空项的一致性才能带来完整体解读,那么当句法结构中不存在外时体空项时,完整体解读便不会触发。与这一预测相符的实例就是从前被划分为"了$_3$"的用法。按照这一预测,不存在独立的"了$_3$",这个没有完整体解读的词尾"了"是句法结构演算的结果。其可以解释这个所谓"了$_3$"除完整体解读外跟普通词尾"了"完全一致的分布规律。

第5章应用前四章建立的框架和分析手段来讨论三个与词尾"了"密切相关的句式:时量短语、动词复制和存在句。这三种句式均包含基于原本对"了"的研究无法解释的现象,如时量短语的宾语地位、动词复制对宾语的限制和存在句中宾语的弱解读限制。本书对"了"的外框架分析可以更好地解释这些现象产生的原因。

第6章提出一个基本观点,即"了"的类型应该基于其功能划分,而非基于其句中的位置划分,这是因为句法结构是层级性的,而线性位置受到移位的影响。因此,既然前五章将词尾"了"分析成终结性兼完整体标记,那么所有符合这一描述的"了"都应该是词尾"了",哪怕其位于宾语之后、句子末尾。本章提出,这些完整体的"句尾'了'"都是受到假性动名融合(Pseudo-Noun Incorporation,PNI)和移位的影响,才会处于末尾,所以这些句子理所应当表现出假性动名融合带来的特性。

第7章延续第6章的讨论,研究将完整体的"了"全部划为词尾"了"后,剩下的真正与完整体无关的句尾"了"有何功能,以及两种"了"共现于同一语句中究竟表达什么含义。本章认为,纯粹的句尾"了"其实是一个焦点标记,表达句中描述的事件和状态与其他潜在可能性的对比义。但这种潜在可能性在很大程度上受到语境和百科知识的影响,所以含句尾"了"的语句实际解读灵活多变。在这一基础上,两种"了"共用就表示欲表达意是强调句中描述的事件在参照时间点下已经完成,这符合"现实相关性"的描述。而现实相关性这一概念在英语中通常是由"助动词have+过去分词"组成的完成态负责的,因此可以预测"焦点标记+完整体"这一组合模板在多种语言中都是用于表达现实相关性的选择。

第8章总结前七章主要的观点和论据,并在此基础上讨论外框架分析对句法研究带来的可能性。

2

词尾「了」的双重标记功能

现代汉语中的"了"是一种常见的体标记。根据"了"在句中的位置,我们一般将其分成两类:词尾"了"和句尾"了"。词尾"了"紧跟动词,出现在动词和宾语之间,如(1)。句尾"了"则出现在宾语之后,一般位于句子末尾,如(2)。

(1)张三吃了一个苹果。

(2)张三吃苹果了。

本章的讨论仅涉及严格意义上的词尾"了",即出现在动词之后、宾语之前的"了"。因此,下文会忽略类似(2)中句尾"了"的情况,并且在单独使用"了"时一律默认为词尾"了"[①]。

关于词尾"了"的研究已有很多,在第2.1节中我们会选取两种具有代表性的观点进行讨论。之后,借助Borer提出的外框架理论,我们重点讨论本章的核心观点,即词尾"了"本质上是占据内时体短语(inner aspect phrase)中心语位置的终结性标记。词尾"了"可以通过一致性关系为外时体短语(outer aspect phrase)赋值,使其具有完整体解读。因此,"了"实际上具有标记终结性与完整体的双重功能。这一特性使得词尾"了"在句法分布上受到更多的限制,产生了更为复杂的语言现象。

2.1 两种关于"了"的观点

词尾"了"的句法功能一直是汉语语言学研究的热门话题之一。从过去对"了"的研究来看,主流的观点有两种:一是"了"是汉语中的一种完整体标记,强调事件在观察上的完整性;二是"了"是一种表结果的谓词(resultative predicate),强调事件本身存在一个结束状态。本节内容主要针对这两种观点进行评析。

关于"了"是完整体标记的观点常见于Smith(1997)和Huang et al.(2009)等研究中。这种观点认为,使用"了"等于把句中事件的起始点和结束点都暴露在观察之下。因此,讨论的事件即使不是发生在话语时间(speech time)点前的过去性事件,也必然是发生在参照时间(reference time)点前的完整体事件[②]。

这一观点影响深远,许多关于"了"的句法分析均是基于这个观点构建的。例

---

① 汉语中词尾"了"和句尾"了"有时会出现在同一语句中,如"张三吃了那个苹果了"。本章认为句尾"了"的功能复杂,对语义解读有较大影响,因此下文中同样不涉及含有两种"了"的句子。

② 关于话语时间和参照时间的详细定义,可参见Reichenbach(1947)。

如,李梅、赵卫东(2008)利用核查理论逐步推导了词尾"了"相关句式在最简方案下的生成过程。他们认为,"了"并非原始生成于动词短语(VP)之上的AspP短语位置,而是一种动词后缀。"了"在句法上不是独立存在的,而是在词库层面便跟动词结合的屈折变化。"了"所带的完整体特征在逻辑式层面被吸引到Asp处接受核查。

然而这样一来,在包含多个体标记的结构中,所有体标记都会与同一个中心语进行核查,这在理论上存在瑕疵。因此,李莹、徐杰(2010)认为所有不能独立使用的黏着语素标记,包括"了""着""过",其实全部位于轻动词节点。这些体标记不需要跟Asp位置所带的特征进行核查,而是自带不可解读特征,需要动词提升与它们进行核查。但是,这种分析下负责时体成分的短语AspP和占据轻动词位置的词尾"了"没有明显关联。也就是说,"了"虽然语义上与完整体相关,但句法功能上与其无关。这在原则上不太合理。

为了解决上述理论问题,王晨、刘伟(2014)提出占据v节点的实际是事件轻动词e/v,动词移位后可以与之结合成[V-v]结构,接着再提升到Asp节点上与"了"结合,最终形成需要的语序。然而,即使理论上可行,上述三种操作都无法解释"了"在实际运用中受到的一些限制,如(3)和(4)。

(3)*张三弹了钢琴。

(4)张三吃了苹果。

Wu(2005)观察到,汉语中如(3)一类的句子并不符合语法,至少听起来是不完整的。如果要使(3)成立,必须加入一些句子信息之外的解读,比如"张三每天弹两个小时的钢琴,他昨晚也弹了"。然而这样一来,如果坚持词尾"了"只是完整体标记的说法,那么就很难解释(3)为什么不能说,因为"弹钢琴"这件事完全可以放在完整体视角下看待,就像英语中对应的"John played the piano"一样。而后者不需要句子之外的信息才能成立。

(4)虽然合法,但语义解读上也受到了限制。其宾语"苹果"只能表达限定性含义,即"张三吃了某个/些苹果"。然而,原则上汉语中光杆名词的解读不会带有限定性取向。从(5)中可以看出,至少在"在"标记的进行体中,作为宾语的光杆名词"苹果"有限定性和非限定性两种解读。也就是说,(5)既可以特指"吃某个/些苹果",也可以泛指"吃苹果"这个动作。这说明是"了"的出现才使(4)的解读受到了限制。而这一限制同样无法用"了"的完整体标记功能做出解释,因为无论宾语是否带有限定性,事件都可以具有完整体。

（5）张三正在吃苹果。

"了"是结果补语的观点主要见于Sybesma（1997，1999）。Sybesma认为"了"最初是位于动词之下的补语，但可以提升并与动词结合。例如，像（6）a中的句子应该是由（6）b的结构转换而来的。

（6）a. 他卖了他的猪。

　　b. 他卖[[他的猪][了]]。

在Sybesma的分析中，"他的猪"与"了"首先合并形成一个小句（small clause），其中"了"占据中心语位置。这个小句随后与动词"卖"合并，所以"了"并非动词的后缀。也就是说，"了"在句法中的地位与动结式（7）a中的"死"类似，唯一的不同在于"了"起始的位置更低，如（7）b所示。

（7）a. 他弄死了他的猪。

　　b. 他[弄[死[[他的猪][了]]]]。

这种分析为汉语事件结构研究提供了另一种视角。Sybesma认为汉语动词无法直接表达完整体事件，必须借助表结果的补语才能实现。动词如果单独由词尾"了"标记，其表达的事件的结果就可以被取消。这一观点在Tai（1984）和Huang（2006）等文献中得到支持。他们的论据主要来自以下几个例子。

（8）我昨天画了一张画，可是没画完。

（9）我写了一封信，可是没有写完。

（Sybesma，1997:218）

值得注意的是，把词尾"了"分析为结果补语可以回避前文提到的一些问题，这是因为出现明确表示结果的成分就意味着有明确的结束点。而"了"无法跟在"弹钢琴"这一类短语后面，可以认为是弹钢琴这类活动一般没有明确的结果，"了"找不到跟实际相符的语义解读。然而，这种观点仍然存在问题。

其一，用来支撑这一观点的例子不是很完善。Sybesma（1997）也提到，很多母语者并不能完全接受如（8）和（9）一类的句子，而且接受度会随着句子内容的变化而变化。比如，大部分人都不能接受（10），除非加入"两次"等时量词，如（11）。

（10）*张三杀了一个人，可是那个人没死。

（11）张三杀了李四两次，可是李四没死。

（11）是Tai（1984）用到的例子。与（10）相比，（11）的确更易被接受。然而，（11）中由于多了表达次数的"两次"，在解读上已经完全不同。与其说是"杀"没有明确的结果,不如说动词的解读可以根据句法结构而改变,而(11)中的"杀"在这种语境下被解读成了"尝试杀"的意思。只要张三做出了尝试,那么不管李四是否因此而死,动作都算已经完成了。另外,即使是相同的动词"写",有时也会出现事件结果无法取消的情况,如(12)就无法表达"没写完八百字"的意思。由此可以看出,结果是否可以取消很大程度上受到语义和语用方面的限制,无法直接支持"动词必须要有结果状语才能表达完整体事件"的观点。①

(12)*张三写了八百字,可是没有写完。

其二,Sybesma称"了"作为一个表结果的语素,其功能和分布应该与小句中表结果的其他成分完全相同,如(7)a中的"死"。但是这个观点明显不成立。如(13)a和(13)b所示,"死"可以出现在进行体之中,而"了"就不可以。

(13)a. 张三正在杀死他的猪。

b.*张三正在杀了他的猪。

其三,还有其他例子表明"了"排斥非完整体的语义解读。比如,(14)a中的副词"每天"需要句子具有明确的习惯性(habitual)解读,(14)b中的"要/能/应该"几个情态动词都表明事件还没有结束。两句话涉及的事件都是具有明确结束点的"吃三个苹果",但"了"都无法出现在这些句子中。②由此可见,词尾"了"的确与完整体存在联系,不能完全抛弃Smith(1997)等人的观点。为了解决这一矛盾,我们需要对于"时体"有更精确的描述。

(14)a. 张三每天吃(*了)一个苹果。

b. 张三要/能/应该吃(*了)一个苹果。

2.2 内时体与外时体

在过去的研究中,时体大致被分为两类,即视点体(viewpoint aspect)和情状体(situation aspect)(Smith,1997)。

视点体的含义是首先在时间轴上选定一个视点,然后透过这一视点观察事件

---

① 这一"完整体悖论"问题在第3.3节中会进一步讨论。

② (14)b中情态动词"应该"具有认识(epistemic)和道义(deontic)两种解读(刘翼斌、彭利贞,2010)。只有在道义解读时才无法与"了"共现,也只有在道义解读下表达的事件才是未完成的,因此与本章观点相符。

发展的进程。因为是外部观测,所以也称"外时体"。完整体和非完整体的划分就是视点体下的进一步分类,主要依据是观测下的事件是否完整包含起始和结束。因此,完整体这一术语指的是事件被作为一个整体看待,包括其发展的各个阶段。与之相对,非完整体不包含全部事态,而是聚焦于事态中的某一部分(Guéron,2008)。进行体便是一种常见的非完整体。

情状体被称为"内时体",其原因就在于情状体关注的是事件的内部结构,与外部选取的观察角度无关。内时体一般可根据终结性(telicity)划分:具有终结性的事件语义上存在一个必然的界限,与实际是否结束无关;而非终结性事件没有这样一个界限,即使实际上事件已经结束。换句话说,非终结性事件即使结束,这个结束点也只是观察的结束点(即外时体的结束点),并不存在于原本的语义中①。

需要注意的是,在讨论终结性时本章采用Krifka(1992)提出的观点,即终结性是整个谓词短语(VP)的特征,而非动词本身的特征。一个动词既可以出现在终结性事件中,也可用来描述非终结性事件。另外,本章采用Borer(2005b)中对于量化事件(quantity event)的定义,认为终结性事件即量化事件,非终结性事件即同质性事件(homogenous event)。具体定义如(15)所示。

(15)a. P是同质性事件当且仅当P具有积累性和切分性。

　　　i. P具有切分性当且仅当$\forall x[P(x)\rightarrow\exists y(P(y)\wedge y<x)]\wedge\forall x,y[P(x)\wedge P(y)\wedge y<x\rightarrow P(x\text{-}y)]$

　　　ii. P具有积累性当且仅当$\forall x[P(x)\wedge P(y)\rightarrow P(x\cup y)]$

　　b. P是量化事件当且仅当P不是同质性事件。

(15)ai 和(15)aii 中的逻辑式用自然语言解释就是:如果一个事件具有性质P,而且其任何一个部分都同样具有性质P,那么这个事件就具有切分性;如果存在两个事件都具有性质P,而两者结合同样具有性质P,那么这两个事件就具有积累性。

举例来讲,在"弹钢琴"这一事件中,任何一个部分都可以形容为"弹钢琴",因

---

① 袁毅敏、林允清(2010)把英语中的telicity一词译为"有界性"。而林巧莉、韩景泉(2009)虽如本章一样将telicity译为"终结性",却将其描述为"时间上的有界性"。本章认为汉语中"有界性"一词实际对应英语中的"boundedness",其含义比较宽泛。在本章的体系中,时间上的有界性被划分成外时体视角下的"完成性"(perfectiveness),而事件语意上的有界性由"终结性"(telicity)表达。

此"弹钢琴"这一事件具有切分性。而两个"弹钢琴"事件叠加,得到的新事件仍可以说是"弹钢琴",因此"弹钢琴"具有积累性。由于同时具有切分性和积累性,根据(15)中的定义,"弹钢琴"就是一个同质性/非终结性事件。另外,对于"吃三个苹果"这件事,在吃完第三个苹果之前都不能称作"吃三个苹果",而把两个"吃三个苹果"事件相加,结果便不再是"吃三个苹果",而是"吃六个苹果",因此"吃三个苹果"是个量化/终结性事件。

由于定义不同,外时体的完整体和内时体的终结性之间的四个取值在原则上是可以自由组合的。以英语为例,(16)a是一个完整体终结性事件,(16)b是完整体非终结性事件,(17)a是非完整体终结性事件,(17)b是非完整体非终结性事件。

(16)a. Mary ate an apple.(Mary吃了一个苹果。)

　　b. John sang.(John唱歌。)

(17)a. Mary was eating an apple.(Mary正在吃一个苹果。)

　　b. John was singing.(John正在唱歌。)

这种对于时体类型的细分有助于我们解释"了"在句子中的限制。(18)不成立,而(19)中光杆名词也无法取非限定性解读,因为从事件结构来看,它们的共同点就在于描述的都是非终结性事件,即事件都没有一个自然界点,或者说没有被量化。

(18)*张三弹了钢琴。

(19)张三吃了苹果。

也就是说,只有当(19)中的光杆名词取限定性解读才会使其量化,因为这种情况下吃掉了固定数量的苹果,事件就会自然结束。也只有在这种解读下(19)才成立。由此,我们可以推导出词尾"了"只能用于标记终结性事件而排斥非终结性事件的结论①。与此同时,第2.2节中的讨论已经证明"了"与完整体确有关联。为了把这两种功能在句法上统合起来,我们需要借助特殊的分析方式。

---

① 部分学者认为,汉语词尾"了"可以出现在非终结性句子里,如:他已经喝了水了。本章认为,这句话明显把"喝水"这个事件当作一个既定事项,也就是在上下文中已经出现过的"给定信息"(given information)。语义上,这句话并非单纯描述有一个名为"喝水"的事件发生在会话时间之前,与英语一般过去时句子"He drank the water"所描述的情况完全不同。因此,作者认为这句话里"喝水"既然是特指某一既定的事件,解读上就应该是具有终结性的。比较明显的一个例证就是,如果去掉这句话中的句尾"了",句子便不成立,如(a)所示。

(a)他已经喝了水。

这至少证明,"他已经喝水了"之所以成立,句尾"了"起至关重要的作用,不是单纯词尾"了"的问题。

根据之前关于"了"的讨论,我们可以看到词尾"了"与外时体(完整体)和内时体(终结性)均有不可分割的联系。"了"在句中的分布受到内外时体的双重选择与限制。因此,本章认为词尾"了"应该同时具有标记终结性与完整体的双重功能。

基于Borer外框架理论,本章认为句法结构上"了"是内时体短语Asp_QP的中心语,可以为掌管事件量化与终结性的空项$<e>_Q$直接赋值。同时,"了"还可以通过一致性关系(Agree)为外时体短语OAspP下掌管完整体的空项$<e>_o$赋值,以此实现"了"的双重标记功能,如(20)所示。

(20)

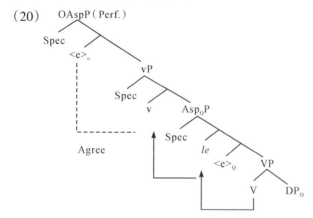

(20)所示的结构参照了Travis(2010)。这里认为外时体投射位于轻动词结构vP之上,而内时体投射则被夹在vP和实义动词投射VP之间。"了"在为$<e>_Q$赋值之后,动词进行[V-v]提升,在经过Asp_Q位置时与"了"合并,并将其作为一个后缀带着一起提升至轻动词位置,得到[动词—了—宾语]的最终语序。以(1)为例[在此重复为(21)],其推导过程应如(22)所示。

(21)张三吃了一个苹果。

(22)

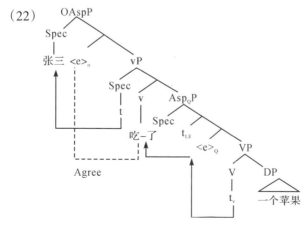

此外,(3)之所以不成立,是因为"弹钢琴"这种事件一般认为不存在自然界限。如果强行合并,那么解读上便默认这是一个量化事件,这个量化含义也只能像第2.1节中讨论的那样由句子之外的信息提供。(13)b及(14)a、(14)b中的句子不能有"了",则是因为句中已经有其他成分为外时体空项$<e>_0$赋予了非完整体的值。如果"了"再出现并赋给$<e>_0$完整体的值,那么就有多个赋值项为$<e>_0$赋予冲突的取值,这是不允许的。因此,非完整体中不允许"了"出现。事实上,词尾"了"对应不止一种时体这种观点在传统语法研究中也早有洞见。例如,金立鑫(2002)就提出词尾"了"可以表达"实现体""结束体""延续体"三种情况。决定这些时体解读的不仅是体标记"了"本身,还包括谓语部分动词的类型、主语的类型、时段词和宾语解读等。其中"结束体"和"延续体"都蕴含"实现体"。只是金立鑫并未将这些体的类型在句法上划分为内时体和外时体两类,仅是基于语义解读进行概念性的划分。如果将所谓"实现体"看作外时体OAspP,"结束体"看作内时体Asp_0P,而"延续体"是"结束体"的特殊情况,那么正好与(22)的分析对应,且符合"结束体"总是蕴含"实现体"的观察。

而将外时体短语和内时体短语分列的做法在以往研究中并不少见。Pollock(1989)分割IP短语之后,表时体功能的Asp_0P就是一直是时制短语TP之下最重要的功能短语之一。斯拉夫系语言中动词后常带对应完整体和非完整体的显性后缀,也为外时体作为独立句法节点提供了佐证。汉语研究中,李梅、赵卫东(2008),Huang et al.(2009),王晨、刘伟(2014)等都认为词尾"了"与外时体短语有句法上的联系。

另外,内时体原本作为语义解读的分类方式,一般归类为Smith(1997)划分的情状体,早期没有句法位置与其对应。但随着越来越多的语言进入研究视野,学者们发现内时体不仅是语义上的抽象分类,在句法中也有显性功能形态与之对应,且一般都位于谓词域(predicate domain)内。Diesing(1990)对意第绪语的研究和Travis(2010)对菲律宾塔加洛语的研究均证明了此点。汉语研究中,Tsai(2008),李莹、徐杰(2010)等认为词尾"了"是功能性轻动词,也跟"谓词域内表时体的功能成分"这一描述十分接近。熊仲儒(2013:74)认为表时体的"了"夹在轻动词投射CauseP和BecomeP之间,但不直接决定时体类型,而是需要与活动、达成、致使等轻动词范畴结合,产生不同意义的时体解读。完整体含义可以视作动词受达成范畴扩展后与"了"结合形成的解读。邓思颖(2010)认为完结、达成类事件均可归纳为"终结体",且举例都涉及词尾"了"。因此,这一操作在原理上与(22)基本相同。[①]

如(23)a所示的非完整体句子,"每天"限制了句子只能具有习惯性解读,这是典型的非完整体,因此不能与"了"共用。同时,由于"吃苹果"不是一个终结性事件,vP 和 VP 之间也不会有 Asp_QP 出现,如(23)b所示。"每天"即使不出现,句子仍然成立。这种情况下得到的是"张三有吃苹果的习惯"这种笼统的含义。由此我们可以认为,当没有体标记时,$<e>_Q$ 可以得到一个默认的值,而在汉语中这个默认取值就是非完整体的习惯解读。但必须注意的是,"已经"一类的副词虽然语义上与完整体有关联,却不可以直接给 $<e>_Q$ 赋予完整体取值,仍需借助"了"。

(23)a. 张三(每天)吃苹果。

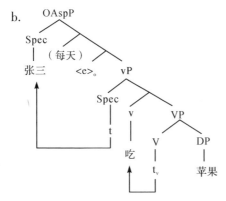

b.

需要注意的是,虽然(23)a所示的例句是非完整体视点与非终结性事件的结合,但在实际运用中,非完整体也可以与终结性事件结合,如(24)a。(24)a涉及"吃三个苹果"这一量化事件,本质上具有一个自然界限,即当吃光三个苹果时事件就会结束。然而,(24)a不包含词尾"了"。这说明"了"虽是终结性标记,可以为 $<e>_Q$ 赋值,但这不是唯一表达终结性的手段。我们认为这种情况下量化名词短语"三个苹果"提升至[Spec,Asp_Q]位置,通过"标示语—中心语"一致性关系为 $<e>_Q$ 赋值,同样可以得到终结性事件结构。此外,由于"每天"的出现,外时体空项只能取非完整体的值,否则语义上便会有冲突,因此这个时候"了"反而不允许出现,只能借助DP为 $<e>_Q$ 赋值,如(24)b所示。

[①] 但对于熊仲儒(2013:72-32)所述的"了"可以跟活动范畴结合这一点,本文持保留意见。

(24)a. 张三每天吃三个苹果。

b.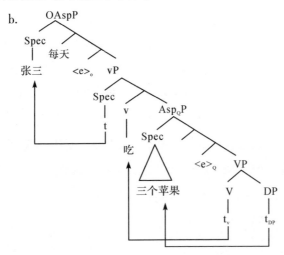

从这里可以看出,Borer的外框架在解释与"了"相关的结构时具有更好的灵活性。如果按照当下最简方案的主流做法,想要让"了"具有两种句法功能就必须假设其具有[＋完成]和[＋终结]两种特征,然后使其分别与OAsp和VP核查。然而如此一来,当"了"不出现时,我们便很难解释如(24)a这样的句子中终结性解读从何而来。而在外框架理论中,终结性实际上来自空项$\langle e\rangle_Q$,"了"只是为其赋值的手段之一。只要有其他手段能够使$\langle e\rangle_Q$得到合理的值域,那么即使"了"不出现,仍然可以得到一个终结性的事件结构。这也是本章采用外框架作为分析手段的主要原因。

然而,非完整体虽然可以自由地与终结性或非终结性事件结合,完整体却只能与终结性事件搭配。这在(3)和(4)中已经见到过。在本章框架下,这一现象可以得到很好的解释。原因就在于词尾"了"带有终结性标记功能。在非终结性事件结构中"了"是无法出现的,因此也无法像上面分析的那样通过一致性为$\langle e\rangle_Q$赋值。如此一来,完整体与非终结性事件的组合就无从谈起了。由此可以说,汉语本质上缺乏表达这一含义的语法机制。汉语中外时体与内时体取值的组合范围可以概括为(25)中的组合表。

(25)汉语时体组合表:

汉语时体	完整体	非完整体
终结性	＋	＋
非终结性	－	＋

实际上,这一组合上的限制主要是针对肯定句而言的。汉语中另一体标记"有"也可表达完整体。但是在标准普通话中,"有"作为体标记使用时只能与否定前缀"没"一同出现,也就是只能用于否定句。而另一否定标记"不"由于具有"无界性要求"(unboundedness reqirement),不能用在完整体中(Ernst, 1995)。(26)显示"没有"无法与"了"共现,(27)则显示一般疑问句中"没有"正是"了"的否定形式。这都表明"了"与"有"的功能相同,都是完整体标记。借助"有",我们便可以得到完整体与非终结性组合的句子:"有"可以直接为外时体空项赋予完整体的值,因此不再受到"了"在终结性上的制约,如(28)a和(28)b所示。

(26)张三没有吃(*了)一个苹果。

(27)张三吃了一个苹果没有?

(28)a. 张三没有弹钢琴。

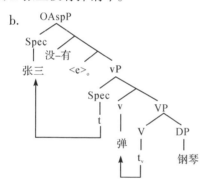

2.3　跨语言对比

事实上,内外时体共用一个体标记的现象并非汉语独有,其他语言也会在表达完整体和非终结性的组合上存在"缺陷"。Ramchand(1997)观察到,在苏格兰盖尔语中动词的过去式只能用在终结性事件上,想要直接表达英语中"How long did you drink beer for?"或者"How long did you drink the cup of tea for?"这种非终结性含义的句子,一般会被认为是不合法的,如(29)a和(29)b。

(29)a. *De　cho fada's a　dh'ol　　　thu　　leann?

　　　How long　　REL drink-PAST you-DIR beer

　　　欲表达意:How long did you drink beer for?(你喝酒喝了多长时间?)

　　b. *De　cho fada's a　dh'ol　　　thu　　an cupa ti?

How long　　　REL drink-PAST you-DIR the cup of tea

欲表达意：How long did you drink the cup of tea for?（那杯茶你喝了多长时间？）

另外，对于"跑"这样简单的动词想要直接独立使用也是不可以的，如(30)a。想要使其合法必须在语义上加上一个固定的参照点，如(30)b。当然，如此一来句子的含义也就变了。这里"跑"不合法，"跑过"却合法，是因为"跑过"一般被认为是跑过了某个参照点。即使参照点没有直接出现在句子中，这一信息也可以从上下文中推断得出。因此，"跑过"是具有界限的终结性事件。

(30)a. *Ruith　　　e.

　　　Run-PAST he-DIR

　　　欲表达意：He ran.（他跑步。）

　　b. Ruith　　　gille　　　seachad.

　　　Run-PAST boy-DIR past

　　　欲表达意：A boy ran past.（一个男孩跑了过去。）

在需要表达非终结性事件的时候，苏格兰盖尔语需要借助一种独特的时态——迂回态(periphrastic tense)，如(31)和(32)。而迂回态中用到的词缀ag实际上是苏格兰盖尔语的进行体的标记，这一标记也用于静止状态的标注，如(33)。因此可以断定，这种特殊的迂回态并不是完整体，而是一种非完整体。

(31)Bha　　　mi　　ag ol　　　　leann fad da　uair a thide.

　　　Be-PAST I-DIR *ag* drink-VN beer　for two hours

　　　欲表达意：I drank beer for two hours.（我喝了两个小时的酒。）

(32)Bha　　　e　　　　a'fuireach　　'san Oban.

　　　Be-PAST he-DIR *ag* stay-VN in　Oban

　　　欲表达意：He lived in Oban.（他住在奥本。）

(33)Bha　　　mi　　'ga　　　　chreidsinn.

　　　Be-PAST I-DIR ag+he-GEN believe-VN

　　　欲表达意：I believed him.（as stative）（我相信他。）

从上面的例子可以看出，完整体与非终结性的组合在苏格兰盖尔语中同样是没有的。与汉语不同的是，这种语言中并没有像词尾"了"一样独立标注终结性的标记。同时，这种动词的屈折变化具有固定的过去式解读，即只能用于发生在会话时间之前的事件上。这跟"了"的情况不同,因为"了"可以用于尚未发生的事件。因此本章认为,苏格兰盖尔语中的过去式实际上是过去时态、完整体视点和终结性事件结构三重作用的结果。另外,英语的一般过去式对事件结构不敏感,可以跟终结性和非终结性事件自由结合,只有过去式和完整体视点的解读是固定的。总结起来我们可以得到(34)所示的表格。

(34)英汉苏时态组合表:

英汉苏时态	终结性	完整体	过去式
英语:一般过去式	−	+	+
汉语:词尾"了"	+	+	−
苏格兰盖尔语:过去式	+	+	+

句法运算上,本章假设苏格兰盖尔语的过去式带有[＋终结]、[＋完成]、[＋过去]三种特征,在由合并位置向上逐级移动的过程中,可以依次为掌管终结性、完整体、时态的空项$<e>_O$、$<e>_O$、$<e>_T$赋值。具体过程如(35)所示。

(35)

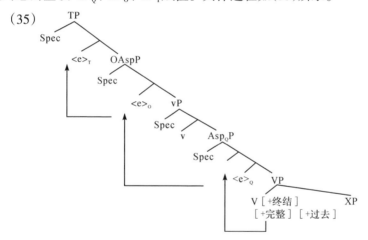

此外,英语一般过去式由于不带[＋终结]特征,因此无法为$<e>_O$赋值。如果要表达终结性事件,则需要另外的赋值项。一般可以是量化名词短语或者表结果的状语,在此不再赘述。

2.4 本章小结

本章探讨了汉语词尾"了"作为时体标记的句法功能和基本词尾"了"句式的推导过程。在本章的分析中,词尾"了"最为本质的作用是作为内时体终结性标记,但其同时通过句法手段承担了外时体完整体标记的功能,这使得"了"只能出现在同时具有完整体和终结性的句子中。汉语也因此缺乏在陈述句中表达"完整体＋非终结性"组合的手段。

同时,本章借助 Borer 提出的外框架理论和空项赋值操作,解释了苏格兰盖尔语、英语及汉语在内外时体系统上的异同。这表明内时体与外时体普遍存在紧密联系。这可能是今后时体系统与事件结构研究的重要方向之一。

3

非完整体词尾『了』

汉语中动词后的体标记"了"普遍被认为是完整体标记,或者至少与完整体密切相关(Li & Thompson,1981;Smith,1997;Huang et al.,2009)。根据 Reichenbach (1947)的经典理论,完整体强调事件时间整体在某个时间参照点之前。如(1)中描述的含义是"吃三个苹果"起始结束点在时间轴上均位于"五点"这个参照时间前,即"五点"时三个苹果都已被吃完。

(1)张三五点前吃了三个苹果。

然而,词尾"了"还有一些分布表现明显与完整体标记的功能相悖。其中最为明显的是 Huang(1987)提到的静止状态中使用的"了",如(2)a 和(2)b 所示。

(2)a. 张三(比李四)高了三英寸。

    b. 这件衬衣大了两号。

(2)a 和(2)b 中表达的是主体相对于某个参照物的比较状态,并不涉及"由矮到高"或"由小到大"的动态变化过程,因此从情境分类中不算是事件(event),而是状态(state)。既然不是事件,也没有动态的发生时间和结束时间,这些状态理应不适用于完整体的概念,但与"了"兼容。这便产生了矛盾。这一问题在句法推导的层面尤其重要,因为"时体"是句法框架里的重要功能投射,在汉语这种没有明确"时制"成分的语言中占据重要地位。如果"了"本身是带完整体标记功能的词项,就必须解释为何(2)a 和(2)b 这类句子没有完整体解读。如果"了"不是完整体标记,就需要反过来说明(1)的完整体解读从何而来。因为如果没有"了","张三吃三个苹果"本身不能解读成完整体事件。这直接决定了汉语时体结构的推导方式。

本章会首先回顾过去对于"了"的研究观点,并论证为何这些观点在句法上无法兼顾(1)及(2)a、(2)b 两种情况。之后,本章会基于上一章的外框架分析提出另一种思路。本章认为语法功能应该与词项剥离,句子是否具有完整体解读取决于句法中是否存在完整体取值的 AspP 投射。在(2)a 和(2)b 这样没有 AspP 投射的静止状态中,"了"仅是程度短语 DegP 的量化,不会触发完整体解读。

3.1 非完整体"了"的观点回顾

既然完整体标记的功能注定与(2)a 和(2)b 的状态解读不兼容,那么比较直接的解决方式大致有两种:第一种思路是放弃完整体标记,将"了"的功能进一步抽象成某种可以同时兼容完整体和非完整体的概念;第二种思路是维持"了"是完整体标记,将非完整体的"了"定义为某个形态与"了"恰好相同,功能却完全不同的独立语法标记。下面,本章将依次对这两种思路进行讨论。

将"了"与完整体分离的观点在过往研究中并不少见。例如,最先在时体框架下讨论非完整体"了"的 Huang(1987)就认为"了"本质上是一个"界限标记"(boundary marker)。这是第一种说法的典型体现:"界限"这一概念同时适用于完整体事件和静止状态,因此可以解释(1)及(2)a、(2)b中都有"了"的问题。对于(1)这样的完整体事件,界限就是事件的结束点,即第三个苹果被吃后。对于(2)a和(2)b这样的静止状态,界限指的是主体相对于参照物的差异幅度,即在"高"的幅度上高出三英寸,"大"的幅度上大出两号。这一观点很好地把握了"事件"与"状态"两种差异很大的情境类型的共同点,而且在语义上与直觉基本吻合。本章下面的分析很大程度上也与此观点有共通之处。然而在句法层面上,Huang(1987)本没有提出太多具体建议。这主要体现在理论和实证两个方面的缺失上。理论方面,Huang(1987)没有说明"了"本身的词类和相应的句法地位,因此模糊了很多重要的问题,比如"了"究竟是表时体的功能项,还是仅仅在语义上为情境加诸界限的词汇项。这一差别在句法上至关重要,关系到汉语究竟是以功能项还是词汇项表达时体相关的语义。实证方面,Huang(1987)没有讨论"了"在完整体和非完整体情境下的分布差异。例如,"了"在表达完整体事件时是必需的,但在状态解读中是非必要的,如(3)a和(3)b所示。任何单纯从语义上讨论"了"的作用的分析都很难解释这样的分布差异,必须用句法手段加以限制。

(3)a. 张三吃*(了)三个苹果。

　　b. 张三比李四高(了)三英寸。

另一种将"了"与完整体分离的分析出自 Lin(2003,2006)和林若望(2017)等研究。这种观点认为"了"标记的并非事件的"完整",而是"实现"(realization)。其主要论据基于(4)a、(4)b这样的语句。

(4)a. 张三养了一条狗。

　　b. 张三租了一间公寓。

这类句子在说话时很可能"狗"仍在养,"公寓"也仍在租住,所以从某种意义上说事件并未结束,与完整体定义不符。Lin(2003,2006)由此认为"了"的作用是表达事件的实现,即"养狗""租公寓"一旦成为现实,就可以用"了"。根据所述情境的不同,"了"标记的事件可以是实现状态仍在持续。"实现"这一概念大概始于刘勋宁

(1990),其基本含义就是事件成为现实,无关其发展和结果。刘勋宁(1999)对其做了进一步规范,要求词尾"了"必须用在焦点动词上。这主要是为了区分对于"了"的不同要求,如(5)a、(5)b。

(5)a. 我下车后,中国同学热情地帮(*了)我搬行李。

　　b. 昨天你们真是帮*(了)我的大忙。

(刘勋宁,1999:19)

但(4)a、(4)b看似与(2)a、(2)b的情况类似,实际仍有不同。首先,"实现"仍被严格定义为事件的状态,必须要有动态的发生阶段。但(2)a、(2)b是真正的静止状态,不涉及事件。其次,这一观点不能解释为何真正没有结束点的非终结性事件中不能用"了",如(6)所示。

(6)a. 张三看了一部电影。

　　b. *张三看了一只鸟。

(Lin,2003:267)

更重要的是,(4)a、(4)b中的"了"仍是必要的。如果没有"了","养一条狗"和"租一间公寓"就无法表达原本的持续状态含义。因此,从分布来看,(4)a、(4)b与(2)a、(2)b理应不是一种句法结构。

此外,将非完整体用法归类为独立的一种"了"的第二种思路与词尾"了"和句尾"了"(有时称"了$_1$"和"了$_2$")的划分应当基于相同逻辑,如"张三吃了$_1$三个苹果了$_2$"。

汉语里用在句末的"了"与动词后的"了"在多数研究中都不算成同一个标记。例如,Li & Thompson(1981)认为句尾的"了"主要承担会话功能,并总结出五种相关语义。而Soh(2009)、Erlewine(2017)等认为句尾"了"是预设触发标记。但无论在哪一种观点中,句尾"了"与词尾"了"都有很大差异,尤其在时体相关功能方面,因此只能算是具有相同形态的不同词项。然而,句尾"了"和词尾"了"的语序位置不同,且两者有共现现象,这些都为两者的区分提供了依据。而(1)及(2)a、(2)b中的"了"的位置相同,都位于谓词后。若将两者区分对待,需要另找证据。

事实上,汉语中词尾"了"除了出现在如(2)a、(2)b中的静止状态外,还有一种情况也不做完整体解读,就是在与道义情态词共现时,如(7)a、(7)b。

(7)a. 我要杀(了)那个人。

　　b. 张三必须吃(了)那个苹果。

如果以会话时间作为参照点,"人"尚未被杀,"苹果"也没有被吃,因此不能算作完整体。为解决这类情况,陈刚(1957)、马希文(1983)和叶向阳(2004)等提出汉语中存在一个补语性质的"了",这种"了"并不在句法层面上限制事件的结束,而是在语义上虚指"了结"某事的结果状态(这一问题将在第4章详细讨论)。Sybesma(1999)也有类似的观点,他认为汉语中存在两种词尾"了":实现义的"了"和结束义的"了"。前者表示事件实际已经发展到了结束点,后者仅表示事件语义上具有一个结束点。这一分析与Huang(1987)的观点有些相近,但明确指出了非完整体"了"所属的词类,并对用法做出了限定。另外,不同于(4)a、(4)b中的"了",(7)a、(7)b中的"了"可以省略,且省略后语义上没有太大影响,因此至少在句法分布上与(2)a、(2)b中的"了"更加接近。然而这种划分仍没有完全解决静止状态中的"了"的问题。因为在语义上,静止状态一般不带结果状态。具体来说,"三英寸"并非"高"的结果,而是"高"的程度。此外,这一观点本身就有一些反例。比如,王晨(2020a)指出,真正的结果补语不受完整体的制约,可以跟非完整体标记共现,如(8)a—(8)c中的"掉""完""光"。但所谓补语性的"了"不可以,这体现了动词后的"了"即使不是完整体标记,也一定与完整体高度相关,不可能完全忽略其关联。[1]

(8)a. 美国正在卖(掉/*了)黄金。

b. 张三没有吃(完/*了)那些苹果。

c. 张三曾经烧(光/*了)过这里的野草。

综上所述,面对静止状态情境中的"了",本节讨论的两种思路都面临一定问题:将"了"本身与完整体剥离,纯以语义描述其功能会使得出的结论过于空泛,既无法把握语法时体与语义解读的界限,也无法对句法分布的差别做出解释;将非完整体的"了"从原本的"了"中独立出来看似可行,却缺乏足够的论据支撑,因为非完整体的"了"在语义解读上并不完全统一,且仍保留了完整体"了"的很多分布特性。这些问题说明处理非完整体"了"需要一种全新的思路。

---

[1] 陈前瑞、胡亚(2015,2016)认为词尾"了"可以有完结、完成、完整、将来等多种用法,并从类型学角度展示了这些语义上理应存在矛盾的功能确实可由同一语法手段承担。从这个意义上讲,(7)a、(7)b和(8)a—(8)c未必存在冲突。不过陈前瑞、王继红(2012)也曾强调,词尾"了"的这些"用法"既非语法功能,也非语义内涵,而是更贴近语用目的,所以本章暂不讨论这种分析方式。

3.2 "了"的程度量化功能

第3.1节中的两种思路之所以不能解决问题,是因为两者均基于一个相同的前提假设:句法功能由特定的词项本身承担。在句法上,这反映为传统投射主义的基本观点,即词项做中心语时其核心特征投射成短语。按照这一思路,作为体标记的"了"不是完整体就是非完整体,不存在第三种可能。因此,如果取消这一假设,或许可以避免上述问题,给分析带来更多的灵活性。Borer(2005a,2005b)提出的外框架理论正是这种思路的体现。想要将第2章中的外框架理论应用到静止状态的"了"的分析中,首先要解决的就是此时"了"的语义解读。第2章提到,词尾"了"是内时体投射Asp_QP的中心语,此处的下标Q是Quantity的缩写,意味"量化"。被量化的事件有固定的边界,因此一般被解读为终结性事件。而终结性指的是语义本身的界限,同时兼容完整体和非完整体。然而,根据Smith(1997)对于事件类型的定义,真正的状态类情境自身是没有边界的,也就是说,状态无法被量化。因此,必须明确的是状态情境中的"了"量化的究竟是什么概念。

参照Grano(2012)、Niu(2015)、Paul(2015)等研究,本章认为汉语谓语形容词短语(AP)在句法结构上总是被一个程度短语(DegP)统辖,这也是为什么(9)a一类的句子中必须有一个如"很"这样的程度副词,否则语义上就只能解读为比较级的"张三更高"或强调式的"张三(确实)高"。这里的"很"是DegP的指示词,而DegP的中心语是一个不可见的成分,如(9)b所示。

(9)a. 张三*(很)高。

b.
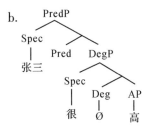

而在(2)a、(2)b这种含"了"的句子中,句法结构里还应包含一个量化短语Asp_QP,与动态事件类型的结构并无不同。这个短语的中心语就是"了",而"三英寸"这种表示"高的程度"和"两号"这种表示"大的程度"的词项理应是Asp_QP的指示词。换句话说,语义上"高"与"大"均是指代程度,而"了"量化了这里的程度,具体的量则是"三英寸"和"两号"。另外,(2)a中"比李四"这个参照标准本应像"很"一样占据[Spec,DegP]的位置,这一点从两者互斥分布可以推断,如(10)a、(10)b。

(10)a. 张三比李四/很高。

　　b. *张三比李四很高。

受到语用因素的影响,[Spec,DegP]提升到了更高层的话题短语指示词位置,形成了所见的最终语序。这个参照标准在(2)b中没有出现,可以认为是因为已经有语境提供,比如"这件衬衫(比我平时穿的)大了两号",所以在句法上参照标准的话题提升就不需要了。同时,在(2)a和(2)b中完整体取值的OAspP都没有出现,确保"了"不会触发完整体解读。两者的句法推导过程分别如(11)a、(11)b所示。

(11)a.

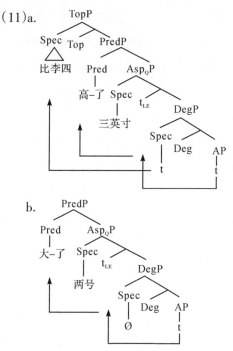

事实上,将终结性这一概念扩展到动态事件之外的情境类型在前人研究中并非无迹可寻。例如,Hay et al.(1999)就谈到lengthen一类的程度完成(degree achievement)型的谓词是否被解读为终结性事件依赖于三方面的相互作用,包括语言机制、基础形容词的标量结构(scalar structure),以及语言之外的语境和常识。当性质改变的程度具有有界性时,事件被解读为终结性事件,而不具有有界性时就是非终结性事件。例如,(12)中由于"长"的程度改变没有被定义界限,所以lengthen the rope 只能被解读为非终结性事件。而(13)里明确了程度的改变是"五英寸",所以是终结性事件。这一差别体现在(12)a 蕴含(entail)(12)b,但(13)a 不蕴含(13)b。换句话说,终结性可以指抽象领域的有界性,或者说由抽象领域的有界性决定。而在本章的框架中,有界性在句法上即由 Asp_QP 决定。

(12)a. Kim is lengthening the rope.(Kim 正在拉长绳子。)

    b. Kim lengthened the rope.(Kim 拉长了绳子。)

(13)a. Kim is lengthening the rope 5 inches.(Kim 正在拉长绳子五英寸。)

    b. Kim has lengthened the rope 5 inches.(Kim 拉长了绳子五英寸。)

(Hay et al.,1999:130)

另外,需要注意的是,(14)a 这样的句子与(2)a、(2)b 不同,虽然包含了确切数字"六英尺",却不是用来量化程度的,而是指程度本身,所以占据的位置也是[Spec,DegP],与(2)a 中的"比李四"和(9)a 中的"很"相同。(14)a 的句法结构里并不包含 Asp_QP,因此作为体标记的"了"不能出现,如(14)b 所示。而"张三六英尺高了"虽然合法,但实际要么包含了从不到六英尺长高到六英尺的动态变化过程,属完整体解读,要么强调前后状态的对比,属于句尾"了"的用法(详见第7章),因此不算本章讨论的"了"的范畴。

(14)a. 张三六英尺高。

    b.

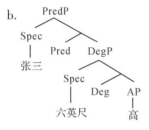

(13)a 中的"五英寸"和(14)a 中的"六英尺"在句法上的不同表现一定程度上也支持这里的分析。例如,前者可以作为话题提升至句首,后者却不行,如(15)a、(15)b 所示。从句法结构来看,这是因为"六英尺"作为 DegP 的中心语不能进行话题提升,而"五英寸"作为 Asp_QP 的指示词是独立成分,可以移位。

(15)a. 三英寸,张三比李四高(了)。

    b. ?? 六英尺,张三高。

3.3 事件之"量"与状态之"量"

"量"(quantity)是一种表有界性的基础概念,同时存在于个体(DP)和事件(VP)层面(Borer,2005a,2005b)。量化的个体为有界名词,量化的事件为终结性事件。

(16)a. 量化个体:an apple;一个苹果

b. 量化事件:John ate an apple. 张三吃了一个苹果。

如(16)b所示,汉语中对应"John ate an apple"所述事件含义的句子通常由"了"标记。然而,如第2.2节中提到的,Tai(1984)、Singh(1998)等认为一些词尾"了"标记的句子并没有终结性解读,如(17)。

(17)李四写了一封信,可是没有写完。

这种现象被Singh(1998)称作"完整体悖论"(perfective paradox)。此外,Soh(2009)也认为"了"不表完成,只表"中止"。论据就是"了"可以与"活动"(activity)类事件共现,例如:

(18)他游了泳。我跑了步。

但(18)中的两句话并不能被很好地接受,尤其是独立出现时。Wu(2005)、Tsai(2008)等也讨论过光杆名词作宾语时"了"标记的句子无法独立成句的问题。另外,这一现象仅会发生在部分动词搭配中,还有很多动词短语产生的终结性解读不可取消,如(19)a、(19)b所示。

(19)a. ?? 张三见了一个人,可是没见成。

b. ?? 张三卖了三件衣服,可是还没卖光。

还有研究认为,汉语中原本就不存在直接表达完成的动词,如杨稼辉、伍雅清(2015)。按照他们的说法,词尾"了"是否标记终结性事件很大程度上取决于宾语的性质:当宾语是量化名词时,动词短语一定具有终结性;当宾语是指代名词时,动词短语并不具有终结性。这一定程度上遵循了Verkuyl(1993)对于终结性事件宾语都必须有量化特征的论断,也契合汉语用量词这一特殊手段反映表量认知的观点(李勇忠、尹利鹏,2018)。但在实际语料中有很多反例,如Lin(2003)提到大多数时候"了"和非终结事件并不兼容,如(6)a、(6)b[在此重复为(20)a、(20)b]。

(20)a. 张三看了一部电影。

b. *张三看了一只鸟。

　　虽然存在解读上的差别,但(20)a、(20)b中的动词都是"看",宾语也均是量化名词,但两句在接受程度上完全不同,因为"看一只鸟"语义上不存在边界,是非终结性事件,而"看一场电影"则是终结性事件,具有相对明确的终结点。因此,从这个角度来看,"了"与终结性之间必然存在紧密关联。而(17)这类句子之所以会产生,本章认为原因更多在于认知常识方面。"信"一类的事物即使没有完成,一般也会被认作是"一封信"。因此,"写了"和"没写完"针对的事件存在微妙的差异:(17)中所谓的"没写完",仅指预计要写的内容没有完成,而非创造信的过程没有完成。从这个意义上来说,(17)本身表达的仍是一个有边界的终结性事件。而其他很多动词短语在解读上不会产生这种歧义,所以(19)a、(19)b都无法被接受。这也说明终结性解读并不由动词和宾语任意一方的语义单独决定,句法结构本身起了很重要的作用。

　　不过,即使不考虑完整体悖论问题,也有其他现象表面上不支持"了"的功能与"量化"对应,如Lin(2003,2006)和林若望(2017)等提到的(4)a、(4)b[在此重复为(21)a、(21)b]。

　　(21)a. 张三养了一条狗。

　　　　b. 张三租了一间公寓。

　　林若望(2017)等认为,既然狗仍在养,公寓仍然在租,那么这里描述的就不是量化的事件,而是持续的状态。因此,有必要对何为事件之"量"做进一步的说明。

　　本书分析中对"量"的定义借用自Borer(2005a,2005b),核心不再是语义解读上是否有明确的边界或结束点,而是纯粹用逻辑上的非同质性来定义"量"。非同质性必须同时具有两大特征:积累性和切分性(见第2.2节)。举例来说,"跑步""看书"这样的事件任意两个叠加仍可认为是"跑步""看书",且其中任何一部分也符合这一描述,因此这样的事件具有同质性,或者说是非量化事件。这一定义也适用于个体领域:"苹果"和"苹果"叠加仍为"苹果",且任意一部分也是"苹果",所以"苹果"这一概念是同的。但"两个苹果"和"两个苹果"叠加会变成"四个苹果",且其部分不能称作"两个苹果",所以"两个苹果"是量化概念。

　　用"量化"代替原有的"终结性"定义的一大优势就是不再需要事件末尾的结束点。确切地说,结束点的存在是事件量化的充分非必要条件,而只要事件内部任意一点与其余部分不同,就可打破同质性,使事件量化。例如,(22)中的句子兼容in five time短语,却与for five time不太搭配,表现出典型的终结性事件的特征。但由于具体苹果数量不可知,事件结束点并不清晰。根据非同质性的定义,因为事件的部分(ate two apples)不共享整体的描述(ate more than three),所以是非同质性事件,可等同于量化事件。

(22)John ate more than three apples in five minutes/ ?for five minutes.

这一定程度上有利于解决"完整体悖论"带来的问题,因为所谓结果状态其实对于量化事件不是必要的。两个被描述为"写一封信"的事件叠加只能得到"写两封信"的解读,这便足以说明"写一封信"不具有同质性,而是量化事件。同理,(7)a、(7)b中的"养一条狗""租一间公寓"也不具有同质性,可直接认定为量化事件,不必细究"养狗"和"租公寓"的自然结束点究竟在哪里,因为这很大程度上受语境和认知影响。

这一定义的另一个优势在于将"量"定义为事件的独立性质,不受动词和宾语的约束。例如,Borer提到像build those houses这样的描述本应是典型的终结性事件,但其实也具有非终结性解读,所以与"for ... time"兼容,如(23)。

(23)John built those houses in two months/ for two months.

此时动词、宾语及两者间的关系都没有变化,因此是否具有终结性只能是由句法框架本身决定的。只是在量化的句法框架中,宾语those houses在认知常识作用下被解读为"量"的衡量标准,但在非量化框架中,宾语不具有此解读。因此,(20)b中的"看了一只鸟"不好被接受,就是因为语义上"一只鸟"很难衡量"看"。但事实上,在特定语境中,(20)b同样可以有量化解读,如张三每天要看十只鸟,现在已经看了一只了。由此可见,汉语中动词和宾语的语义灵活,本身不会决定事件的终结性,而是可以随句法框架变化有不同解读。

按照这一逻辑,只要"养两条狗"和其内蕴部分"养一条狗"不同质,那么"养……条狗"这样的事件就是量化的事件,而非持续的状态。同理,"高(了)两厘米"与其内蕴部分"高(了)一厘米"不同质,所以"高……厘米"这类表达是量化的状态。

3.4　本章小结

"量"作为一种表有界性的基础概念,广泛存在于各种可以"量化"的情境之中。本章认为,汉语里词尾"了"的核心功能实为谓词域的量化标记,且通过与外时体投射建立一致性关系可以产生完整体解读。这意味着词尾"了"可以用于完整体终结性事件和没有外时体投射的事件或状态中,却不能用于其他具有外时体标记的事件里。在终结性事件中,"了"标记事件的边界;在没有边界的状态中,"了"标记的则是状态自身程度的边界。这表明"量"这一概念适用于各种类型的谓词结构。同时,这一分析必须借助外框架理论的设想才能实现,说明了词项本身的语义和功能并不能完全决定最终解读,句法结构在其中也扮演了重要角色。

4

「了₃」的句法语义功能

在过去的研究中,词尾"了"是一种完整体标记,强调事件在某个时间参照点前已经完成。句尾"了"则被认为跟语篇功能相关,如 Li & Thompson(1981)称句尾"了"表达现时相关性,而 Soh & Gao(2006)、Soh(2009)、Erlewine(2017)等认为句尾"了"会触发预设情景(presupposition situation)跟现实情景的对比。很多时候,词尾"了"被记作"了₁",句尾"了"被记作"了₂"。

然而,还有一种情况:"了"出现在"了₁"的位置,但并不表达"了₁"的相关功能,如(3)a 和(3)b 所示。

(3)a. 我要杀了那个人。

b. 张三必须吃了那个苹果。

(3)a 和(3)b 两个句子中,"了"都出现在动词之后、宾语之前,跟词尾"了"的位置相同。但在两句话表达的情景中,"那个人"尚未被"我"杀死,"那个苹果"也还没有被"张三"吃掉,所以都不做完整体解读。这与"了₁"的功能相悖。因此,这里的"了"被认为是一种不同于"了₁"和"了₂"的独立标记,一般记作"了₃"。

本章认为,汉语中并不存在一个独立的"了₃",出现在类似(3)a 和(3)b 句子中的"了"实际仍是"了₁",即词尾"了"。这些句子之所以没有表达完整体含义,是因为词尾"了"本质上并非完整体标记,而是终结性标记。完整体标记功能仅仅是词尾"了"的第二功能,根据语境和结构的不同,这一功能可以不出现。此观点将在下文详细论述。

4.1 "了₃"的研究综述

为了佐证"了₃"不作为独立标记存在这一观点,本节先回顾前人研究中对"了₃"的论述,再分析其论据的合理性。

陈刚(1957)和马希文(1983)很早就提出汉语中存在一个具有补语性质的"了"。他们认为,在句子中使用这种"了"并不表示事件已经结束,而是表达动作的结果状态。如(4)中,"死"是"杀"这个动作的结果状态,"完"是"写"的结果状态。同理,"修"的结果是"好","吃"的结果是"光"。而"了"跟"死、完、好、光"属于同一类型的词,表达一种"结束"的抽象含义。此外,汉语中的补语一般紧跟动词,处于宾语之前。

(4)杀死李四 写完作业 修好汽车 吃光大米

这种"了"如果也是补语的一种,正好可以解释其跟词尾"了"相同的位置。不过,这种"了"的使用还受到另外的限制。例如,"了$_3$"虽然可以出现在(3)a和(3)b这样的句子中,但如果没有特殊语境支持,(5)a和(5)b所示的情景就很难被接受。

(5)a.？我要画了那幅画。

b.？张三必须写了那封信。

邵敬敏(1988)也观察到了这个现象,并总结出一条规律:能够接"了$_3$"的动词有一个共同的语义特征,即按照成分分析它们都包含[＋消除]的语义。这类词包括"吃、吞、泼、咽、洒、卖、寄、关、丢、删、倒、烧、换、租、借、挖、扔、放、撞、杀、宰、冲、毁"等。(5)a和(5)b中的动词"画"和"写"并不具有"消除"的含义,因此后面不能跟"了$_3$"。

然而,这种把"了$_3$"分析成补语性质的做法有一定的问题。首先,对于"了$_3$"前的动词语义必须包含[＋消除]这一要素的观点便可以找出不少反例。例如:

(6)a. 你必须给我修了这辆车。

b. 张三应该娶了那位姑娘。

在(6)a和(6)b中,动词"修"和"娶"在语义上与"消除"没有直接联系,但两个句子都可以被接受,可见并不是只有与"消除"有关的动词后才能跟非完成性的"了"。需要注意的是,情态词分"认识情态"(epistemic modal)和"道义情态"(deontic modal)两类,而(6)b中的"应该"实际上两种解读均有。如果"应该"作为认识情态词解读,那么(6)b表达的意思是张三娶了某人,那个人有可能是那位姑娘。如果"应该"作为道义情态词解读,那么(6)b的意思是张三有义务娶那位姑娘。换句话说,前者表示对一个已经发生的事件做出的推测,而后者表达的是尚未发生的事。因此,按照彭利贞(2007)和刘翼斌、彭利贞(2010)的看法,当"应该"解读为认识情态词时,"了"可以看作"了$_1$",当"应该"作为道义情态词时,"了"就是纯粹的"了$_3$",仍与"了$_3$"前动词必须包含消除义这一观点相悖。①

Sybesma(1999)也有类似的观点。他认为汉语中存在两种词尾"了":实现义的"了"(记作"了$_{[R]}$")和结束义的"了"(记作"了$_{[E]}$")。前者大致等同于"了$_1$",后者等同于"了$_3$"。结束义的"了"表示事件既有的结束点,而实现义的"了"表示事件已经

---

① 根据叶向阳(2004),"了$_3$"前的动词也可以不带[＋消除]语义,此时"了$_3$"虚指"了结"某事。如此一来,(6)a和(6)b确实不再属于"了$_3$"存在的反例。但是,此时"了$_3$"的作用跟"了$_1$"过于相近,几乎相同,那"了$_3$"本身有没有必要独立存在就存疑了。

发展到了结束点。如(7)a和(7)b所示,"了₍ᵣ₎"和"了₍ᵦ₎"分别是小句短语XP、YP的中心语。区别在于"了₍ᵦ₎"合并的是名词成分DP,而与"了₍ᵣ₎"合并的是小句成分YP。

(7)a.

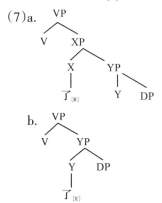

"了₍ᵦ₎"与结果补语相同,都占据YP中心语位置。因此,当句子中本身有一个不同于"了₍ᵦ₎"的结果补语时,出现的"了"就只能是"了₍ᵣ₎",如(8)a和(8)b所示。

(8)a.张三擦干了玻璃。

b.

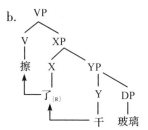

在类似(3)a和(3)b所示的情景中,事件尚未发展到结束点,因此只有"了₍ᵦ₎"出现。如(9)a和(9)b所示。

(9)a.我要杀了李四。

b.

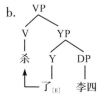

在Sybesma(1999)的体系中,原则上"了₍ᵦ₎"和"了₍ᵣ₎"是可以同时出现的。不过按照Chao(1968)的说法,汉语中不允许清音音节的连用,因此必须在语音层面删去一个"了"。Sybesma(1999)由此提出,在动词语义和"了₍ᵦ₎"不兼容的情况下(即上文中提到的不含"消除"义的动词),"了₍ᵦ₎"会在语音层面被删除,如(10)a和

(10)b所示。而如果动词语义含有"[＋消除]",可以和"了$_{[E]}$"兼容,那么"了$_{[R]}$"就会被删除,仅保留"了$_{[E]}$",如(11)a和(11)b。

(10)a.张三读了一本书。

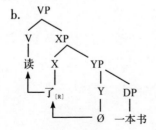

(11)a.张三杀了他的猪。

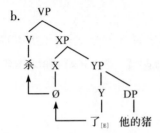

然而,这样的处理方式忽视了一个事实,即汉语中的结果补语和"了$_3$"在分布上存在差异。

(12)a.*张三杀死李四。

　　　b.*李四写完作业。

(13)a.张三杀了李四。

　　　b.李四写了作业。

(12)a和(12)b在单独使用时都是不合法的句子,这说明"死、完"一类的结果补语无法直接使句子成立,必须要有一个类似"了"的体标记才行。这一问题在Wu(2005),Tsai(2008)等研究中均有讨论。然而,(13)a和(13)b是合法的,说明这里的"了"不可能是结果补语,只能是体标记。因此,(11)b中的分析实际不存在。(12)和(13)并没有直接证明"了$_3$"不存在,而是对Sybesma(1999)中模型的合理性质疑。也就是说,如果按照(11)b中的模型,应该是等同于"了$_1$"的"了$_{[R]}$"被删除,等同于"了$_3$"的"了$_{[E]}$"被保留。此外,在包括Sybesma(1999)在内所有关于"了$_3$"的假设中,"了$_3$"本质就是结果补语。但(12)证明结果补语不能直接使句子成立,仍需要体标记。所以在(13)成立的前提下,这类句子中被删除的就不可能是"了$_{[R]}$"。

结论就是Sybesma(1999)并没有提供更多"了₃"单独使用的情况。但如果普通含"了"的句子中"了₁"都必须出现,"了₃"只是选择性出现,而且是否出现在句法语义上都没有可见的影响,即使出现也会被同音删略,那么"了₃"的存在很大程度上就变成了赘余。

证明"了"不是结果补语最为关键的证据,就是两者在句法分布上存在很大不同:真正的结果补语不受外时体完成性的制约,可以用于完整体之外的时体,跟其他非完成性体标记共现。但"了₃"不可以,如(14)a—(14)c所示。

(14)a. 美国正在卖(掉/*了)黄金。

b. 李四没有吃(完/*了)那些桃子。

c. 李四曾经烧(光/*了)过这里的野草。

上述例子说明,出现在词尾的"了"始终保持一定的时体功能,不是纯粹的结果补语。如果"了₃"是独立的结果补语,没有道理不能在这里使用。另外,(14)a中的进行体也不是一种完整体,说明即使在非完整体情景中,"了₃"也不是一定能够使用。这让使用"了₃"的情景仅限于出现情态动词等少数场合,很大程度上降低了"了₃"作为一个独立标记存在的必要性。

目前来看,"了₃"除了道义情态等少数情况外,句法分布与"了₁"完全相同。将"了₃"分析成独立的结果补语虽然可以解释其跟道义情态词共现的情况,却会产生新的问题,即其他结果补语可以出现时"了₃"为何不可。因此,如果能在维持词尾"了"皆是"了₁"的假设下找到"了₁"与道义情态词共现的解释,就能够一举解决多数问题,同时大大简化"了"相关理论的复杂性。这也是本章接下来要讨论的内容。[①]

4.2　外框架理论下的解释

外框架理论同样有助于解释词尾"了"与道义情态动词共现的问题。前文提到,句子之所以有完整体解读,是因为"了"通过一致性关系为OAspP下的空项<e>₀

---

① 陈刚(1957)曾论述北京话里lou和le的区别,他认为lou和le分别对应普通话里的"了₁"和"了₃"。这的确是"了₃"独立存在的间接证据。只是,北京话语素和普通话语素的对应关系无法直接证明。即使普通话中的"了"真的是从北京话中演化而来的,也存在两种可能:一是两种语素依旧保持原先独立的句法特性,只是由于发音相同在相邻的情况下会发生删略;二是两种语素由于发音相同已经融合为一种,其句法特性也随之融合,可以用同一套句法系统实现原先两者的功能。本章提出的分析算是对第二种可能性的探讨。

赋予了完整体的值域。因此,当结构中代表外时体的OAspP不出现时,即便出现词尾"了",句子也不会有完整体的解读。本章认为,道义情态词的出现可以替代外时体短语的作用,因此在类似(15)a的句子结构中实际是没有OAspP出现的,取而代之的是代表情态动词短语的MP,如(15)b所示。

(15)a. 张三必须吃了那个苹果。

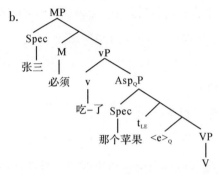

由于结构中不存在$<e>_Q$,词尾"了"的完整体标记功能便不会被激发,仅表现出终结性标记的功能,不会与道义情态表达的事件尚未发生的含义冲突。而在认识情态中,情态动词短语MP和外时体短语OAspP是共存的,因此表达的都是对完整体事件的推断,如(16)a和(16)b。

(16)a. 张三可能吃了那个苹果。

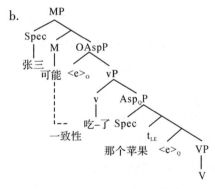

这也可以解释"了"无法与其他体标记共现的问题。因为出现"了"之外的体标记说明结构中有代表外时体的OAspP,也就是说"了"对$<e>_Q$的赋值一定会发生。而空项$<e>_Q$只能接受一个体标记的赋值,否则就会有冲突,因此(14)a—(14)c中出现"了"都是不合法的。也就是说,道义情态动词和词尾"了"共现时,句子表达的时体既非"完整体"也非"持续体"(imperfective),仅仅是不借助时体短语、语义上表达事件尚未结束的"非完整体"(non-perfective)。

至于"了₃"对于动词的选择性,即动词必须带有[＋消除]的含义,本章认为是常识性观念对特殊语境影响的结果。(5)a和(5)b[在此重复为(17)a和(17)b]之所以语感上不自然,是因为"画"和"写"都是跟创造相关的动词。也就是说,在"我"开始画之前,"那幅画"是不存在的。同样,在"张三"写之前,"那封信"是不存在的。因此,在事件尚未发生时,这样的句子听起来就比较奇怪。而对于非创造类动词便不存在这个影响,如(18)a和(18)b所示。

(17)a.? 我要画了那幅画。

 b.? 张三必须写了那封信。

(18)a.我一定要修了那辆车。

 b.张三必须读了那本书。

无论是否"修了"或"读了","那辆车"和"那本书"都是既存的物体,因此(18)a和(18)b的合法性要比(17)a和(17)b高。

本节的分析表明,即使不存在补语性质的"了₃",借助外框架理论下的空项赋值手段仍可以对非完整体下的词尾"了"做出解释。

4.3 祈使句和非限定小句中的"了"

外框架理论下的分析表明,只要结构中没有外时体短语出现,那么一个含"了"的句子就可以表达完整体之外的语义。这一预测可以在其他不含道义情态词的结构中得到证实,比较典型的就是祈使句和非限定小句。

祈使句是用于表达请求、命令、警告、禁止等含义的句子,所以只有当事件尚未发生,至少尚未完成时,使用祈使句才有意义。同时,祈使句中不包含一般意义上的时体短语,而是由一个表达祈使语气的短语替代,在此记作ImP。因此,词尾"了"用于祈使句式中不会引发完整体解读,如(19)a和(19)b所示。

(19)a.吃了那个苹果!

 b.读了那本书!

同第4.2节中的分析,本节认为祈使句中表达语气的ImP替代了表达时体的OAspP,"了"不会与$<e>_0$产生基于一致性关系的赋值,所以不会有完整体解读。如(20)所示。

（20）

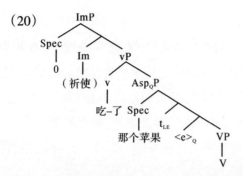

另一个允许非完整体"了"出现的结构是非限定（non-finite）小句。Huang
（1982），Li（1990），李京廉、刘娟（2005），李京廉（2009）等都认为，汉语同英语一样，
存在限定性和非限定性小句的区别。他们提出，类似"准备""劝"等控制类动词
（control verb）之后需要接非限定小句，而其他动词后接限定小句。其区别就在于
非限定小句不允许出现情态词或体标记，如（21）a和（21）b所示；而限定性小句则
没有这一限制，如（22）a和（22）b所示。

（21）a. 我打算明天（*会）来。

b. 我劝李四（不/*没有）买那本书。

（22）a. 张三相信李四明天会来。

b. 张三相信李四没有买那本书。

只是，词尾"了"却可以出现在控制类动词后的小句中，如（23）所示。这也是徐
烈炯（1999）等反对汉语中存在非限定小句的主要论据之一。

（23）张三准备吃了那个苹果。

笔者支持汉语存在非限定小句的说法。（23）正是非限定小句不含时体短语OAspP
的证据。"了"虽为体标记，但在此并未发挥标记完整体的功能，仅是终结性标记。而终结
性作为内时体特征，在非限定小句中也可以出现。（23）的句法结构应如（24）所示。

（24）

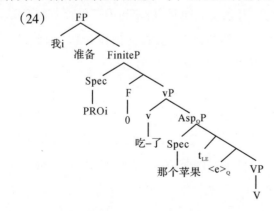

本章的外框架分析虽然可以解释存在非完整体"了"的问题,但也有一些问题未能解决。例如,出现非完整体"了"时,句子宾语必须是限定性名词。这一限制在祈使句和非限定小句中同样存在,如(25)a—(25)c所示。

(25)a. 张三一定要杀了(那个/*一个)人。

b. 喝了(那杯/*一杯)水!

c. 李四准备吃了(那个/*一个)苹果。

传统的补语性"了₃"假说和本章的外框架分析均无法对此现象做出合理的解释,可见类似句式尚有其他限制。笔者将此问题留待之后研究。

4.4　本章小结

本章对汉语中不表达完整体的词尾"了"做了进一步研究。本章借助外框架理论,提出应将"了"的完整体标记功能从其核心句法功能中分离。按照这一分析,"了"作为一个内时体终结性的时体标记,只有通过一致性关系才能为外时体下的空项赋值,从而产生完整体解读。因此,当外时体短语不存在于结构中时,"了"的完整体标记功能便不会被触发,从而出现非完整体的"了"。道义情态、祈使句、非限定小句中出现的"了"均属于此情况。因此,本章认为补语性的"了₃"作为一个独立类别存在的必要性有待商榷,句法功能不应该跟词汇本身绑定,而应由结构本身决定。

5

词尾『了』相关句式分析

本章旨在讨论汉语中与词尾"了"相关的句式和现象同本书的外框架理论分析的兼容性,以期验证前文分析的合理性,并试图通过这一分析为一些长久以来争论不下的现象与问题提供一个新的思路。本章涉及的问题包括事件结构中时量短语的句法地位和语义解读、动词复制结构的推导过程和"了"的位置关系、存在句里宾语的弱解读限制的产生缘由。

本章认为,时量词具有整量词(massifier)[①]的特征,因此在 DP 中占据核心位置,名词通过"的"与时量词连接。时量短语整体合并于内时体标示词,以时间长度衡量事件体量。但一些情况下时量词和名词可以分置于两处。这种情况下时量词变成动词的补充,由名词界定事件的体量。鉴于名词宾语和时量词均有使整个事件量化的可能,而事件的量只能由其中一方决定,所以两者共同出现时必须创造更多的合并位置以容纳两者,可行的手段之一就是"动词复制"。然而,与其他一些语言不同的是,汉语中的动词复制不是由核心动词复制和移位产生的结构。本章认为,语境中的信息经过提取产生了 VP1。这一部分进入结构后位置是在谓词短语之上,功能则是作次要主题成分。这一结构特征使 VP1 里的动词和名词相比一般谓词受到更多限制。换句话说,汉语所谓动词复制并不涉及句法上对核心动词的复制操作,因此将这一现象称作"动词复制"其实并不十分严谨。

此外,不同语言存在句的生成都包含一个名为"斯拉夫化"的现象,即句法结构中特定的中心语和其指示词必须接受同一赋值项约束。这一分析可以将不同语言中存在句的不同表现归结为对事件空项进行赋值的可用手段不同。

5.1 事件结构与时量短语

时量短语是指表达特定事件或状态持续时间的短语,如汉语句子(1)a 中的"十分钟"和英语句子(1)b 中的"for ten minutes"。

(1)a. 张三跑了十分钟。

b. John ran for ten minutes.(约翰跑了十分钟)

[①] Cheng & Sybesma(1999)中也用到 massifier 这一术语,该词是 mass-classifier 一词的略称,因此在汉语文献中一般被翻译成"不可数量词",如伍雅清、胡明先(2013)等。但 Borer(2005b)中的 massifier 的定义与此不同,因为在 Borer 的体系中 massifier 不会切分名词,所以不属于真正的量词,仅在语义上接近量词。本章采用 Borer 的定义,将 massifier 翻译为"整量词"。

英语"for ten minutes"是一个介词短语,在句子里作嫁接语成分,修饰动词ran(跑)。汉语"十分钟"却是个名词短语,因此一般认为汉语中时量词在句法中具有和宾语同等的地位(Chao,1968;朱德熙,1982;秦洪武,2002)。由于时量短语在汉语中的特殊地位,当句子本身有宾语时,时量词就不能轻易出现,如(2)a所示。但如果将时量词与宾语名词的顺序颠倒(有时以"的"字连接),又可以得到合法句子,如(2)b。

(2)a. *李四弹了钢琴三个小时。

b. 李四弹了三个小时(的)钢琴。

虽然还有其他手段可以使时量词和宾语名词在同一句子中共现,如动词复制和主题化提升,但本节专注讨论(2)b所示的这种涉及时量短语的谓词结构。为求方便,本节暂时将指代时间长度的名词称为"时量词",如(2)b中的"三个小时",其中"小时"称"时间词"。另将时量词和宾语名词联合构成的短语称作"时量短语",如(2)b中的"三个小时(的)钢琴"。

时量短语在句法分布上存在一些限制,比如时量词一般要在宾语之前,如(2)a、(2)b所示。但也有例外,此时居前的名词短语必须是数量词或专有名词,不可以是表泛指的光杆名词,如(3)a、(3)b所示。

(3)a. 张三喜欢了李四/*猫十年。

b. 张三追杀了一个人/那个人/*人十年。

而当时量词在前、名词在后时,低位的名词一般只能是光杆名词,不能出现数量词或专有名词,如(4)a、(4)b。

(4)a. *李四弹了三个小时的那/一架钢琴。

b. *李四打了十分钟的王五。

更重要的是,时量词在句法结构上看似修饰宾语名词,但在语义上修饰的是整个动词短语,表达事件持续的时间。这样一来,就造成了一种明显的句法—语义错位。由此看来,我们需要对时量短语在句法推导过程中所起的作用进行更精确的分析。

想要研究时量短语的性质,首先必须明确的问题是时量短语作为一个成分内部究竟是怎样的结构。具体来说,就是分清究竟是时量词还是宾语名词占据更重要的地位。直觉上讲似乎是后者,因为语义上宾语名词与动词有更加直接的联系,而时量词本身不是必要成分。传统的分析也认为句法上名词是由动词选择的,而时量词不是。因此,朱德熙(1982)将汉语时量词称作"准宾语",而将宾语名词称作"真宾语"。秦洪武(2002)也把类似"三个小时的钢琴"这种短语分析成偏正结构,其中"钢琴"是中心语。

基于这种观点,Chang(1991)认为时量词与一般名词前的量词是同一种成分,所以(5)a、(5)b这样的句子应该具有相同的结构,从句法上讲应该如(5)c所示。

(5)a. 张三吃了三分钟的苹果。

　　b. 张三吃了三个苹果。

　　c.

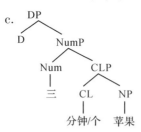

但是这种分析同样存在语义和句法上的错位。正如前文所述,语义上"三分钟"应该修饰的是整个动词短语"吃苹果",而非名词"苹果"。这与(5)b中的"三个苹果"完全不同,所以很难说时量词和一般量词具有相同的句法地位。

此外,也有分析试图将时量词和名词完全拆解。鉴于时量短语在句法分布上的限制大多来自同一前提,即汉语中的时量词和名词一样具有宾语地位,因此将时量词和名词分别置于两个宾语位置就成了最可能的解决方案之一。朱德熙(1982)就认为所有含时量短语的句子都是双宾结构。以当下生成语法对于双宾结构的分析,含时量短语的谓词结构应如(6)所示。

(6)

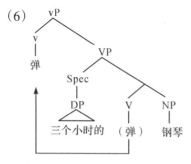

虽然(6)可以得到正确的语序,但也有证据表明时量短语大多都不是双宾结构。例如,(4)a、(4)b提到时量短语中的宾语名词只能是光杆名词,量词短语和专有名词均被排除。但这一限制在一般双宾结构中不存在,如(7)所示。因此,如果将时量短语分析成双宾结构,就无法解释为何低位宾语只能是光杆名词。

(7)张三送了李四一件礼物。

林巧莉、韩景泉(2009)则认为,汉语中的时量词前尽管没有介词,却与英语中的介词短语具有相同的地位,是VP的嫁接语。动词进行[V-v]提升后才出现在动词与名词之间。也就是说,(2)b中的时量词"三个小时"在句法上作副词成分,只有"钢琴"才是真正的宾语。由此得到的结构大致如(8)所示(此处暂时忽略"了"在结构中的位置)。这样可以达成句法—语义层面上的一致。

(8)

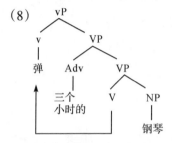

然而,英语中的介词短语性质的时量词与汉语有明显的不同。例如,英语中的动词和宾语受到邻接条件制约,两者之间不可插入其他成分,因此时量短语只能跟在宾语之后,如(9)a、(9)b所示。而汉语中的时量词却在动词后、名词前。

(9)a.*read for three days novels

　　b. read novels for three days

　　欲表达意:读了三天(的)小说

林巧莉、韩景泉(2009)提到,可以借用Chomsky(1981)的分析,从格理论角度出发寻找这一限制的原因。他们认为,英语中作论元的名词都需要被赋予抽象格,而赋格的过程受到邻接条件的制约,使得名词必须紧跟在赋格动词之后才能得格。而汉语中没有证据显示名词论元需要特定的格位,所以也不受邻接条件的限制,论元在句子中的位置相对自由。但现实情况是,汉语中的时量词的位置也不是完全自由的,时量词和名词在时量短语中的先后顺序同样受到很大制约。只不过这一限制与英语的情况完全相反,时量词一般必须出现在宾语名词之前,如(10)a、(10)b所示。格理论无法为这一现象提供解释。

(10)a. *看了小说三天

　　 b. 看了三天(的)小说

另外,汉语中真正的副词修饰语同样无法出现在动词和名词之间,如(11)a、

(11)b所示。这一点恰好证明了可以出现在动词后、名词前的时量词不是VP的嫁接语。

(11)a. 张三飞快地关上了窗户。

b. *张三关上了飞快地窗户。

成分测试的结果也可以证明汉语中时量词不是副词成分,而是跟宾语名词一体的。从(12)a—(12)c可以看出,整个时量短语表现出跟DP相近的特性。

(12)a. 张三关上了[一扇破旧的窗户],[两扇崭新的门]。

b. 张三弹了[三个小时的钢琴],[四个小时的吉他]。

c. [三个小时的钢琴]对于小孩子来说太久了。

Adger(2003:99)指出,只有成分短语才能组成并列结构,如(12)a所示。(12)b成立说明时量词"四个小时"本身与名词"吉他"属于同一成分,与"四个小时的吉他"并列的是第一个小句中的"三个小时的钢琴",两者都是DP。而(12)c证明时量短语可以直接出现在句首作主语,不需要任何动词辅助。这同样说明"三个小时的钢琴"是一个完整的成分。

综上所述,一个合理的时量短语的分析应该在维持时量词和宾语名词可以结合成一个成分的基础上,为时量短语的分布限制做出解释,最终维持句法—语义层面的统一。本节承接前几章的分析,认为汉语中同样存在内时体短语Asp_QP,位于vP和VP之间。当词尾"了"占据Asp_QP中心语位置时,这一功能投射语义上表达事件的量化。时量短语从时间概念上对事件进行量化,因此可以占据[Spec,Asp_QP]的位置。基于这一分析,(13)a谓词部分的结构大致如(13)b所示,其表达的语义在逻辑式形式中大致可写为(13)c。[1]

(13)a. 李四弹了三个小时的钢琴。

b.
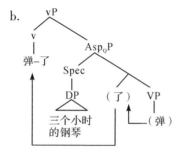

---

[1] 英语"ran ten miles"中的"ten miles"同样是抽象计数做事件体量的例子。至于为何汉语中时间和距离的概念都可以作为事件体量解读,英语中却只有后者可以,本书暂时无法解答。

c.∃e［始动者(李四,e)∧体量(三个小时的钢琴,e)∧弹(e)］

在(13)b中,动词在[V-v]提升的过程中经过Asp_0时与"了"合并,并将其作为一个后缀带着一起提升至轻动词位置,得到[动词—了—时量短语]的最终语序。时量词和宾语名词同处一个DP短语之下,在句法结构中只占一个论元位置,即[Spec,Asp_0P]。出现在这一位置的DP在Borer(2005b)中被称作"subject-of-quantity",即"量化主语",是界定事件的"量"的标准,因此本节将其简称为"体量"。这同时意味着(13)a这类含时量短语的句子都表达终结性事件。这点不难验证:在"弹三个小时的钢琴"中,任意一个部分(如"弹两个小时的钢琴")都不能被描述为"弹三个小时的钢琴",且两个类似事件叠加就会变为"弹六个小时的钢琴",同样不是原句描述的事件。这表明"弹三个小时的钢琴"既不具有可切分性,也不具有可积累性,符合终结性事件的特征。(13)c中的语义表达式的基本含义是:存在一个事件e,e符合"弹"这一动作的定义,同时"李四"是事件e的始动者(initiator),而整个事件的体量是"三个小时的钢琴"。在现实世界的常识规范下,这样的语义描述可以直接推导出核心事件"弹钢琴"持续了三个小时这样的解读。[①]

本节假设在时量短语中是时量词占据核心地位,而非名词宾语。时量词和名词宾语由"的"字连接起来。因此,"三个小时的钢琴"的结构应如(14)所示。

(14)

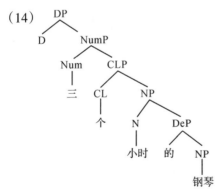

Borer(2005b)认为,量词存在的意义就是将名词本身切分成可以计数的单位,其功能本质上与英语中的复数标记"-s"是一样的。被量词切分的名词最后由数词为其限定具体数量。在(13)所示的结构中,"个"才是真正的量词,而被切分的名词

---

① 事实上,过去已经有人把汉语时量短语跟动词的终结性联系起来。如林巧莉、韩景泉(2009)认为时量短语可以将动词表达的事件量化,使动词短语具有终结性。但这里的终结性仅是语义上的概念,文中并没有具体讨论赋予事件终结性的句法机制。

是"小时",宾语名词"钢琴"只是通过"的"与"小时"连接在一起,整个DeP是名词的补足语。因此,这个DP结构中的核心名词仍然是"小时"。而对于"三分钟"这种本身不包含一般量词的短语,本节认为"分钟"本身既作名词也作量词,句法上"分钟"可以由名词中心语位置N移位到量词投射CLP之下,由此实现上述两种功能,如(15)所示。

(15)

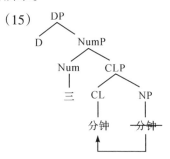

在本节的分析下,时量短语中的时间词与整量词具有相同的性质。Borer(2005b)认为一般量词是名词的扩展投射,是纯功能语类。但整量词只是半功能语类(semi-functional category),本质还是名词,因此可以像名词一样接受量词的修饰。英语中的整量词包括cake (of chocolate)、box (of apples)、cup (of water)等。汉语中也存在整量词,如"三磅(的)肉"中的"磅"与"两个箱子(的)书"中的"箱"。本节认为,时量短语的结构与整量词短语相同,如(16)a、(16)b所示,其中(16)a与(15)类似,包含N到CL的中心语移位。

(16)a. [$_{NumP}$三[$_{CLP}$磅[$_{NP}$磅[$_{DeP}$(的)[$_{NP}$肉]]]]]

　　b. [$_{NumP}$两[$_{CLP}$个[$_{NP}$箱子[$_{DeP}$(的)[$_{NP}$书]]]]]

整量词和一般量词在分布上存在很多不同。比如,整量词可以受形容词修饰,但一般量词不可以,如(17)a。另外,整量词和名词之间可以插入"的",但一般量词不可以,如(17)b。这或许是由于"的"与英语中介词"of"一样,一般用于划定名词短语的边界。

(17)a. 一大箱苹果　　　　*一大个苹果

　　b. 两箱(的)苹果　　　　*两个的苹果

整量词的假设直接解决了(4)a、(4)b中低位的名词的限制问题。根据Borer(2005b)的说法,整量词只能选择不可数和非定量(mass)名词短语作为补足语,如(18)a、(18)b所示。量词短语和专有名词都具有独立的DP结构,因此不能用在时量词后。

（18）a. *a box of three apples（*一箱的三个苹果）

　　b. *a bunch of ten flowers（*一束的十朵花）

另外，（14）中的分析避免了（5）c 中句法—语义错位的问题。（14）中的时间词不再是修饰名词的量词，而是被其他量词修饰的名词。换句话说，"三个小时的钢琴"不再是一个关于"钢琴"的短语，而是一个关于"小时"的短语。因此，以时量词为核心的时量短语占据内时体标示词的位置时，语义上可以被解读为事件持续的时间。可以预测的是，这一结构中是时量词限定了事件的体量，而非宾语名词，如（19）a、（19）b 所示。

（19）a. ?? 李四吃了三个苹果，可是没有吃完。

　　b. 李四吃了三分钟的苹果，可是没有吃完。

上述例子中，（19）a 的事件体量被定性为"三个苹果"，所以只有当三个苹果都被吃完时"吃"这个事件才会结束。这一界限不可以被取消，因此（19）a 很难被接受。（19）b 中，事件的界限是"三分钟"。当吃够三分钟时，即使还有苹果剩余，事件也会结束，所以比较容易被接受。

换言之，本节认为解决句法—语义错位的关键就在于承认时量短语中时量词占核心位置。这涉及两个问题：一是如何让句法地位与一般内论元类似的时量短语得到正确的语义解读；二是时量词如何与名词合理连接。第一个问题借用了新构式主义的核心思想：动词和内论元之间没有基于语义直觉的选择性关系，普通DP类的内论元即可初始合并在功能语类的指示词位置，语义上做抽象化解读，与动词的语义联系来自逻辑常识的"补正"。因此，时量词为核心的DP出现在内论元位置做事件体量解读并不难理解。第二个问题需要将时量短语类比为整量词短语，两者的共同点就是具有上下两个名词核心，具有两条相对独立的扩展投射树（Borer，2005b：100）。至于汉语中的"的"和英语中的"of"究竟如何将上下两层扩展投射树连接在一起，由于涉及两者精确的语义功能，本节暂不讨论。

不过，邢福义（1996）反对将时量短语分析成句子的宾语，其主要依据是普通的名词短语可以用在"把字句"中，但时量短语不行，如（20）a、（20）b 所示。

（20）a. 李四把三个苹果都吃了。

　　b. ? 张三把三分钟的苹果都吃了。

然而本节认为，（20）b 其实并非完全不合法的句子。（20）a 比较容易被接受是因为量词"个"是常识中的虚化概念，在大多数情况下苹果都可以用"个"计数。但以"分钟"量化苹果时需要特殊语境的支持。例如,张三和李四组队参与某项挑战,需要连续吃三分钟的苹果,然后再连续吃三分钟的桃子。在这种情况下(20)b完全可以成立,因为接下来可以说"四分钟的桃子全部归张三了"。这证明时量短语也可以用于"把字句",其句法特性与一般宾语名词相同。

以上分析解决了本章最开始提出的多数问题,但(3)a、(3)b中表现的限制尚未有很好的解释,即为何时量词在名词后时,名词必须是专有名词或有数量词修饰,不可以是表泛指的光杆名词,在此重复为(21)a、(21)b。

(21)a. 张三喜欢了李四/*猫十年。

b. 张三追杀了一个人/那个人/*人十年。

从用法来看,在一般时量短语中,时量词和名词之间可以选择性插入"的"字,如(22)b所示,但(22)a中不可以。因此,本节认为尽管(22)a与(18)b看起来十分接近,两者在句法结构上却完全不同。(22)b只包含一个论元,"十年(的)猫"是单一DP结构,而在(22)a中,专有名词"李四"和时量词"十年"分据不同的位置,其句法结构和语义表达式如(23)a、(23)b所示。

(22)a. 李四喜欢了张三(*的)十年。

b. 李四喜欢了十年(的)猫。

(23)a.

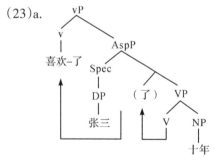

b. ∃e[感受者(李四,e)∧体量(张三,e)∧喜欢十年(e)]

与一般时量短语不同的是,(23)a的结构中限定事件体量的是"张三",而非时量词"十年"。这种情况下时量词作为动词的补足语只是对动词语义的补充,可以认为"喜欢十年"是一个复合谓词表达的事件,"张三"为衡量此事件的体量。

另一个证据就是语义上指向宾语名词的结果谓词可以出现在动词之后,如(24)a所示。这种情况下句子表达的含义并非"张三打了十分钟",而是"李四晕了十分钟"。这类似于英语中"closed the window for ten minutes"(关上了那扇窗户十分钟)指的是窗户关闭的时间。因此,(24)a的结构应如(24)b所示,语义表达式应如(24)c所示。

(24)a. 张三打晕了李四十分钟。

b.

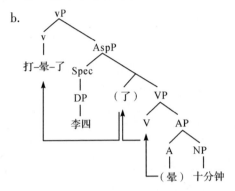

c. ∃e[始动者(张三,e)∧体量(李四,e)∧打晕十分钟(e)]

此外,需要指出的是,本节的分析主要针对时量短语,即表达事件或状态持续时间的短语。但还有一些情况下[时量词+名词]的结构虽然也是在描述时段的长短,却与事件本身的时长无关。这种情况下时量词纯粹是名词的修饰成分,如(25)所示。

(25)张三看了两个小时的电影。

Sybesma(1999)指出,由于汉语光杆名词在限定性解读上具有模糊性,类似(25)所示的句子都具有歧义。具体来说,(25)可以理解成"张三看电影的动作持续了两个小时"。此时张三所看的电影数量并不确定,也不限于某部或某些电影,甚至所看的电影也不一定真正看完。这种情况下"两个小时的电影"是标准的时量短语。但(25)也可以理解为"张三看了那部时长为两个小时的电影"。此时"电影"指具体某部电影,"两个小时"仅指电影原本的时长,而非"看"所持续的时间。比如,如果张三在观看过程中多次暂停中断,那么"看电影"所持续的时间必然大于两个小时。但无论花费的时间是否大于两个小时,此处的电影必须是被看完的。本节提出的分析只适用于第一种解读,而不适用于第二种解读。

有证据表明,(25)的两种解读在句法结构上存在差异。例如,在(26)中,当时量词和名词不以"的"字连接时,句子就只有一种解读,即"看电影"整件事持续了两个小时。换句话说,当时量词作修饰成分时,"的"字是必要的。

(26)张三看了两个小时电影。

本节认为时量词作修饰成分时不算整量词短语,因为此时宾语名词明显占据核心地位。这种用法类似"一百米的跑道""三个月的粮食"等,时量词仅对名词的本身属性做出限定。因此,本节认为此时"两个小时的电影"是一个典型的以名词为核心的扩展投射,最后形成了完整的DP结构,如(27)所示。

(27)
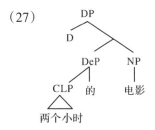

5.2 动词复制的生成

在汉语里,对时量短语性质的分析一向与动词复制这一现象密切相关。动词复制最主要的特征就是在描述同一事件时连用两个动词短语,且两者的核心动词相同,如(28)a、(28)b。

(28)a. 李四弹钢琴弹了三个小时。

b. 李四骑摩托车骑到了公司。

为了下文讨论便利,本节将语句中出现位置靠前的动词短语标记为VP1,其中的动词核心和名词短语分别标记为V1和NP1。同时,将之后出现的第二个动词短语标记为VP2,其中的动词和宾语相应记作V2、NP2。所有标记在结构中的顺序如(29)所示。

(29)李四[$_{VP1}$V1-弹NP1-钢琴][$_{VP2}$V2-弹了NP2-三个小时]。

VP1和VP2在句子中的语义解读一直以来都是研究的重点,然而整个动词复制结构在句法意义上的生成过程较少有人研究。过去很少有人关心VP1和VP2究竟何时合并于句法结构中的什么位置,也忽视了其他语言中也存在很多类似的现象。然而实际上,这样涉及两个动词短语连用的结构并非只有汉语中才会出现,其他语言中动词短语在同一语句中反复使用的现象在许多文献中都有提及,尽管对于这些现象更常见的称呼是VP提升(VP-fronting)。

例如,Pesetsky(1995)就讨论过英语中的动词复制现象。只是这一现象不如(29)那么直观,如(30)中VP2里的动词就被did取代了。

（30）John intended to give the book to the children, and [$_{VP1}$ give the book to them]

　　he [$_{VP2}$ did on each other's birthdays].

　　Landau（2007）也观察到希伯来语中有一种现象,同一语句中出现两个包含相同动词的VP,只是此时两个VP分置于句子首尾两端,如（31）所示。

（31）希伯来语（Landau,2007:129）：

　　　liknot　　et　　ha-praxim, hi　kanta.

　　　To-buy ACC the-flower,　she buy.

　　　She bought the flowers.（她买了那些花。）

　　因此,为了能清晰地展现这一结构在句法上的生成过程,本节将从跨语言对比的角度审视动词复制现象。事实上,很早就有文献讨论研究现代汉语中的动词复制结构,例如Chao（1968）、吕叔湘（1980）等。然而这些文献多采用传统研究的视角,将动词复制分析成动宾/动补结构的某种特殊的变体。从Li & Thompson（1981）开始,这种结构才被视作一种独立的语法现象,从而被命名为"动词复制"。在Li & Thompson（1981）的分析中,"状语性成分"是动词复制作为一种语法结构产生的主因。他们将这些跟在动词后的成分详细分成四类:数量状语、"得"字结构、处所短语、方向短语。四类成分对应的例子如（32）a—（32）d所示。

（32）a. 李四踢人踢了两次。

　　　b. 李四打字打得很快。

　　　c. 李四挂衣服挂在衣架上。

　　　d. 李四骑摩托车骑到了公司。

　　从句法角度来看,这里的状语成分（NP2）应该是动词的补足语,但Li & Thompson（1981）认为,此时动词已有直接宾语（NP1）,所以想要与状语成分结合就需要将动词复制。由此可见,这种分析下两个动词短语VP1和VP2联系十分紧密。具体来说,V2复制自V1,也就是先有V1,再有V2。然而这在句法运算上不太容易实现。一般来说,句法结构是由底层向上层推导,使得小结构逐步变成大结构。而且汉语的基础语序是主谓宾,所以语序靠后的VP2合并进入结构的时机理应更早,除非能够证明出现在VP2前面的VP1是从更低一级的结构移位上来的。但这很难证明,因为Li & Thompson（1981）也没有详细描述句法上V1是如何复制到V2的。

　　不过,在短语结构方面寻找动词复制产生的原因在一定范围内已经形成了共识。例如,Huang(1982)认为现代汉语句法层面的短语结构应满足(33)所示的要求。

(33)汉语短语结构:

    a. $[X^n \ X^{n-1} \ YP]$,其中 n=1 且 X ≠ N,或

    b. $[X^n \ ZP \ X^{n-1}]$

上面要求的基本含义是,只有 X^0 作为最底层的中心语在汉语短语结构里才可以带右侧的补足语(YP)。任何高于 X^0 的短语都只有左侧的嫁接语空位(ZP)。而 Li & Thompson(1981)提到的"状语性成分"在汉语里都必须如宾语名词一般占据补足语位置,所以宾语和状语成分共现时中心语 X^0 必须要自我复制,从而创造更多的补足语位置。然而,对于 V1 和 V2 到底谁是主体谁是复制,Huang(1982)同样没有说明。考虑到 Huang(1982)的分析基于生成语法的原则参数(或称管约论)阶段,而这一框架并不强调结构上由小到大的推导过程,因此或许可以认为 Huang(1982)将动词复制当作一种特殊的短语结构,此时 VP1 和 VP2 原则上是同级的。马丽霞(2001)等提出的并列结构分析也算是对这一说法的发展。

对于动词复制的产生原因,Huang(1982)和 Li & Thompson(1981)给出了基本相同的说法,只是前者在句法结构上提供了更严谨且直观的表述。但这一理论面临一个问题:根据(33)的要求,动词复制在出现多个补足语时必定发生,但汉语语句中可以包含多个理论上占据补足语位置的宾语名词,如(34)a、(34)b。因此,(33)的限制性过强,使得预测与事实不符。

(34)a. 张三喜欢了李四十年。

    b. 张三去了北京两次。

另外,生成语法理论发展到当下,(33)预设的一些理论前提已经改变。进入最简方案阶段后,只有最小投射 X^0 和最大投射 XP 保留在短语结构层面。补足语和指示语进入结构时发生的合并操作一般认为对象直接就是中心语 X^0,因此 Huang(1982)的分析在当下缺乏理论的支持。

当然,Huang(1982)的核心观点也可以与最简方案理论兼容,只是分析手段需要更新。例如,杨寿勋(1998,2000)提出 VP1 应该是句法推导中首先被合并的,然后中心语 V1 移至轻动词位置。在此之后,VP1 再整体嫁接到 v 节点,过程如(35)所示。

(35)$[_{vP}$ 他 $[_{VP}$ 骑马 $]_j[_v$ 骑 $_i$-得 $[_{AP}$ 很累 $]]t[_{VP}$ V-骑 $_i[_{NP}$ 马 $]]_j]$

上面的分析有一个小问题,即动词明明已经移位到了v,后面移动到VP1的位置的结构中却仍旧包含了原先的动词。对此,杨寿勋(1998,2000)没有解释原因。不过,结合Chomsky(1995)的复制理论(copy theory),词项的移位并非真的是同一个词发生了移动,而是可以理解成先在落点创造一个原词的复制体,之后将原位的词项删除。因此,杨寿勋的分析可以在此基础上添加一个假设,即(35)中"骑"在移位后本身并没有删除,而是跟复制体一起保留在了语音层。只是,(35)还面临一个更严重的问题:"很累"不能是轻动词的补足语,v的补足语只能是整个VP。作为副词短语"很累"只能整体嫁接在vP结构上(胡旭辉,2019)。

还有一点必须考虑:VP1在动词复制结构里比普通句式里的动词短语受到更多限制,其中重要的一条就是数量词和形容词不能用于修饰作为宾语的NP1,如(36)a、(36)b。

(36)a. *他骑一匹马骑得很累。

　　b. *他弹破旧的钢琴弹了两个小时。

这些不合法的语句不能得到剔除,是因为杨寿勋没有解释VP1移位的原因和整个操作的意义。因此,按照这一分析,非动词复制结构里VP也可以自由地向上移位嫁接。

对于VP1和VP2谁为基础的问题,Tsao(1987)和曹逢甫(2005)给出了与上面几种分析完全相反的说法。他们认为句子的核心动词是V2,而V1是由VP2里的核心动词复制得来的。为了证明这一点,曹逢甫(2005)提出了两点证据。一是体标记只能出现在V2后,却不能用在VP1中,如(37)a。这意味着V1没有受屈折变化影响,不可能是句子的核心动词。二是否定词"没"只能出现在V2之前,不能用在V1之前。这说明VP2表达的事件才是真正需要否定的事件。这两点对应的例子如(37)b、(37)c所示。

(37)a. 他弹(*了)钢琴弹了三个小时。

　　b. *张三上个月没打球打两次。

　　c. 张三上个月打球没打两次。

曹逢甫(2005)认为动词复制在句法上的推导过程本质上就是一个动宾短语的主题化:作为谓词部分的VP1(V1+NP1)合并后成为主题移出,动词节点V因此变空。曹逢甫(2005)进一步假设汉语句法结构要求动词节点下必须有实际的词项。而且汉语中也不像英语,有意义虚化的助动词do可以代替动词,所以只能是原本的动词形式补入空缺,结果导致了"动词复制"现象。不过这一过程没有说明NP2原本应该在什么位置,且在VP1主题化的过程中又扮演了什么作用。

曹逢甫(2005)提到,在动词复制的过程中VP1已经去动词化(deverbalization)了,所以其实际上是个名词性的短语。与常出现在句首的主要主题相对,这一短语在句子中起"次要主题"的作用。也正是因为VP1不再是动词短语,V1后才不能加体标记。按照曹逢甫(2005)的说法,(38)a、(38)b中不含时态变化的giving和seeing与此是同类现象。

(38)a. George denied **giving** Dick any money.

b. After **seeing** the show, he went home by himself.

(曹逢甫,2005:172)

然而,去动词化和主题功能之间并没有必然联系,因为作主题成分的也可以是动词短语。而且(38)a、(38)b中的giving和seeing虽然是没有时态特征的现在分词形式,但本身仍是动词这一点毋庸置疑。此外,这些现在分词形式的动词仍然是所在从句的主要谓词,所以giving与denied、seeing与went其实各自分属不同的从句。而并无证据证明汉语动词复制也包含从句结构,所以与(38)a、(38)b相去甚远。只是,VP1作主题成分这一观点影响了之后相当一部分分析。

例如,张孝荣(2009)认为VP2的合并是动词复制结构推导中的第一步,此时V2带有不可解读的主题特征([-Top]),由此触发了下一步的操作,即V2移位到主题短语TopP的指示语位置与NP1结合形成VP1,并删除特征以保证运算收敛,如(39)所示。

(39)他[$_{TopP}$Spec-[$_{VP1}$骑$_i$马][$_{VP2}$骑$_i$[$_{CP}$得很累]]]

(39)中的分析与(35)有许多类似之处,比如动词移位造成复制,因此也可以用复制理论解释移位后产生两个动词的原因。不同之处在于(39)中VP2首先合并,因此确保了NP2[即(39)中的CP]占据一个补足语位,与相关研究更加一致。更重要的是,(39)给予了动词复制一个明确动因,即主题移位,由此限制了动词复制的使用范围,避免了很多不合法语句的生成。

然而(39)的推导仍然存在很多问题。最突出的就是这里发生主题移位的中心语成分是V2,而中心语移位的落点只能是中心语。因此,V2"骑"的落点位置一开始就不可能是TopP指示语位置,只能是TopP的中心语。这样一来,就排除了"骑"在移位后才与"马"合并的可能,因为中心语位置只能是词,不能是短语。另外,

NP1 只能是 V1 的补足语,而补足语位只能是合并操作创造的,所以即使动词移动的落点是短语位置,也很难说明(39)中"马"是如何与"骑"结合的。

基于上面的讨论,动词复制结构的主要特性可以总结成以下四点。

①当句中包含一个以上占据动词补足语位置的成分时,动词复制最容易发生。汉语中这类成分包括宾语名词、时量短语、频度短语、目的地论元,以及"得"字引导的副词短语等[见(32)a—(32)d]。

②即使在上述情况下动词复制也非强制发生,双及物结构可以容纳多个补足语[见(34)a、(34)b]。

③数量词和形容词无法修饰作为宾语的NP1[见(36)a、(36)b]。

④只有VP2中才能出现否定和时体标记[见(37)a—(37)c]。

过去对动词复制结构的研究虽然涉及了其产生原因、语法功能和句法推导,但这几个方面之间无法良好对接:由动因指导的推导分析在理论上存在很多缺陷,导致的结果就是只能解释动词复制使用中的部分特性而无法涵盖全部。而对于类似现象,希伯来语和英语的分析展现的几种句法推导思路或可为汉语提供借鉴。下面会以跨语言的视角对英、汉、希三种语言中的相关现象进行分析。

表面上,英语与汉语在动词复制结构上的最大不同首先在于前者的VP1位于整个小句的句首,相当于主题短语。其次则是do取代了VP2的动词中心语。但实际上,相比汉语里VP1和VP2的关系,英语里对应的关系明显更加紧密。Pesetsky(1995)观察到,跟随动词移位至句首的NP1必须约束VP2中的NP2。例如,(40)中作为NP1出现的代词them和VP2的宾语each other需要同指,这是英语动词复制现象中最重要的特征之一。

(40) John intended to give the book to the children, and [$_{VP1}$ give the book to them$_j$] he [$_{VP2}$ did on each other's$_j$ birthdays].(约翰想要把书给孩子们,并且他确实在每个孩子的生日时给了他们。)

(40)中的限制可以概括为一定范围内必须存在一个先行词约束反身代词。这在 Chomsky(1981)中被称作"约束原则 A"(binding principle A)。在最简方案下,这里的"一定范围"一般指同语段(phase)。同一句子中谓词部分一般被认作"第一语段"(first phase,见 Ramchand,2008;Marantz,2013),由此可以推论出VP1确实是由谓词部分移出的。

英语动词复制还有一个重要特征,即只有完整的动词短语才能作VP1。

Phillips(2003)认为必须在语境中有一个先行词的情况下,VP1才能移位。因此,VP1必须是一个可独立使用的最大投射,这是由先行词的特性决定的。动词复制中的VP1位置不能容纳不完整动词短语,如(41)a、(41)b所示。

(41) a. Marion wanted to [win five medals] in the Olympics, and [$_{VP1}$ win five medals] she [$_{VP2}$ did this time].

b. John intended to [give the children something nice to eat], and [$_{VP1}$ *give the children] he [$_{VP2}$ did a generous handful of candy].

(Phillips,2003:75)

"win five medals"是一个完整动词短语,在(41)a中是独立存在的,所以满足动词复制结构的要求。而(41)b中的"give the children"不同,以give为中心语的动词短语在英语中必须要有两个论元。所以"give the children"本身不是完整动词短语,无法借由动词复制推导出(41)b。这一现象可以推理出一个结论:英语动词复制里的VP1是由整个vP结构的移位得来的,不能缺少其中的任何部分。而介词短语"on each other's birthdays"在(40)中得以保留的原因应该是这个介词短语只是谓词部分的嫁接语,不算是vP内部的结构,不影响其完整性。

VP2里助动词did的功能是最后一个需要解释的问题。助动词一般不会出现在英语陈述句里,只用在否定句和疑问句中。Chomsky(1995)认为,助动词插入在英语里算是一种"最终手段"(last resort)。然而在动词复制里必须插入do。而且与汉语类似,英语动词复制中时态变化也只体现在do这个词上,而不会体现在V1上。Adger(2004)对此有一个解释:

(42)(英语)时态发音规则(Adger,2004:155):

当且仅当时态轻动词和中心语构成语链时,轻动词位置的时态特征才会发音。

成分统制(c-command)是建立语链的条件。因此,尽管轻动词v始终存在不可解读的时态特征,必须通过一致性时态短语的中心语T进行核查,但只有当T成分统制轻动词节点时,被核查且赋值的时态特征才会在轻动词上以显性形态出现,使得动词在提升到轻动词位置后发生可见的形态变化。这就是(42)的基本含义。然而,VP1在动词复制结构里位于主语之上,还要高于TP,所以不被T成分统制。因此,时态变化不会显现在V1上。不过时态信息总是需要的,所以作为"最终手段"do直接插入在T节点下以自身形态变化传递时态信息。上述句法推导过程如(43)

所示。

（43）

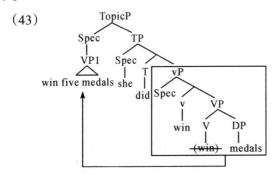

整体而言,英语里的动词复制的动因是动词短语的主题化,这使得整个谓词结构发生移位。原 vP 之下所有的原始词项均在移位后删除。但由于传递时态信息的需要,助动词 do 插入 TP。这一推导过程与曹逢甫(2005)对汉语的分析非常相似。只是单凭此点也未必能证明这种分析适用于汉语现象。因为一来汉语里 NP2 作为宾语论元理应随 vP 一起提升。如果 vP 整体移出原位,必然包含 NP2,也就无法推导出 NP2 在 V2 之后这一语序。二来之前提到,NP1 同样受到很大限制(比如不能说"弹一架钢琴弹了三个小时")。如果 NP1 本身只是普通的动词宾语,唯一的差别是随 vP 提升的话,这些限制便无从解释了。

希伯来语里同样有被称作动词复制的现象,而且复制的部分不仅限于动词本身,还可以是整个动词短语。只不过 VP1 的中心语 V1 只能是不定式的形态,如(44)a、(44)b 所示。

（44）希伯来语(Landau,2007:129)：

    a. liknot,   hi kanta et   ha-praxim.

      To-buy,   she buy   ACC the-flower

    b. liknot   et   ha-praxim,   hi   kanta.

      To-buy ACC the-flower   she buy

      She bought the flowers.(她买了那些花。)

Landau(2007)提出,希伯来语的这种结构与英语不同,只是由拆分出的部分 VP 移位得到的。在这里的动词复制中,VP1 位于整个句子的左侧边界,功能是作主题成分。从句法角度看,VP1 原谓词短语的一部分是由移位产生的,也就是动词将一个宾语留在原位并带着另一个提升。经典的最简方案模型很难支持这一推导过程。但 Landau(2007)采用了延时合并(late-merge)来应对这一问题。他认为被留在原位的宾语其实在VP移位时尚未进入句子结构,在VP提升之后才作为一个嫁接语插入VP原本的位置。因此,类似(18)a的句子就是依次进行VP提升和延时合并推导出的,如(45)b、(45)c。其中以延时合并插入的嫁接语就是XP所示的部分。

(45)a. limsor   et   ha-mismaxim, hu masar la-memunim alav.

   To-give ACC the-file   he give   to-boss   by-he

   He gave the file to his boss.(他把文件交给了上司。)

   b. VP提升:

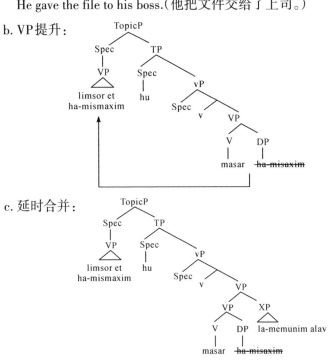

   c. 延时合并:

必须强调的是,跟随动词一起提升的宾语在上述过程中产生了两个复制体,但在语音层面上只有留在原位的复制体被删除了,而在原位和落点的两个动词复制体虽然变作limsor和masar两种形态,但语音都得以保留,从而产生动词复制现象。总体而言,虽然动词复制的动因同样是主题移位,但希伯来语和英语不同,仅涉及部分vP之下结构的移位,而且动词原位和落点两个复制体同时保留。除此之外,NP2的句法地位是嫁接语,出现在V2之后是延时插入的结果。这一分析成功回避了移位时短语仅能整体移动的限制。

上面两种语言中动词复制体现出的特性在汉语中同样存在。比如,汉语中同样要求被复制的动词短语具有完整性,即VP1必须是个可以独立使用的动词短语,如(46)a、(46)b。这一限制说明语境中必须出现过可以作VP1先行词的短语,也说明在动词复制结构中VP1是作为主题成分出现的。

(46)a. 李四买水果买了三个小时。

　　b. *李四送王五送了三个小时。①

不过,三种语言复制结构的共通之处除此之外便不是很多了。不像英语,汉语中NP1与NP2之间甚至可以完全没有关系,更不存在严格的约束关系,如(47)所示。这一现象说明汉语中很可能不是由VP2复制移位才能得到VP1的。

(47)李四切菜切伤了手。

除此之外,延时合并这一手段虽然同样可以解决语序问题,却不能解释汉语NP2独有的一些限制。比如,动词后的状语谓词如果是表结果状态,那么在语义上只能指向NP2,不能指向NP1。(48)a、(48)b就是这一情况。

(48)a. *李四刷墙刷白了三个小时。

　　b. 李四买东西买光了三个小时。

(48)a整个句子不合法,是因为"白"在语义上只能描述"墙",而不能用来描述"三个小时"。只有语义与NP2搭配的情况下,结果谓词才能插入VP2中,比如(48)b中的"买光了三个小时",意思是"三个小时是买东西花光的"。这也意味着句子的主要宾语是NP2。如果是VP2复制移位产生的VP1,就很难解释NP1无法与VP2中的结果谓词兼容,反而是NP2必须与之搭配。作为句法手段的延时合并也不能解决这个问题。这是因为结果状语在汉语中全部紧跟动词之后,两者之间甚至连体标记也无法插入,如(49)a、(49)b所示。

(49)a. 李四刷白了一面墙。

　　b. *李四刷了白一面墙。

对于"刷白墙"这种结构,Sybesma(1999)等认为是形容词短语AP占据了动词补足语位置,而宾语名词"墙"合并在AP指示语位置。AP的中心语"白"在动词进行[V-v]提升之前就会通过中心词移位与动词"刷"融合形成一个复合动词,所以AP之内仅留下"墙"。具体过程如(50)所示。

---

① 这里"送"取"赠送"义而非"送行"义。事实上,在"送行"义下(19)b是合法语句。

（50）

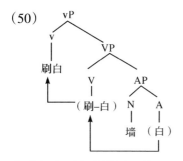

在类似（50）的结构中,结果谓词在语义上必须匹配宾语,这是因为宾语在句法地位上是AP的指示语。但如果动词复制结构必须通过延时合并使NP2作为嫁接语进入结构,这一限制便无法解释。即使整个AP都被纳入延时合并的范围也无法解决这一问题,因为在动词进行[V-v]提升之前谓词状语就必须与之合并才能保证产生最终语序"V–A–了–O",否则就会错过时机。

这一问题或许可以借由结果状语的另一种分析方式避免。Borer（2005b）、胡旭辉（2016）等认为,至少在句法上宾语和结果谓词之间不存在严格的选择关系,不可接受的搭配只是由于受到常规语义的限制,所以宾语合并的位置不一定在AP指示语上。因此,另一种对汉语状语谓词做的分析方式就是让宾语合并在VP之上的功能短语的指示语位置,同时把结果谓词放在动词的补足语位置,使之在动词提升之前的VP阶段便与动词融合（王晨,2018）。具体过程如（51）所示。

（51）

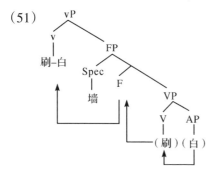

在（51）中,动词复制结构的NP1是宾语名词"墙",但其句法位置在VP之上,所以结果谓词可以先一步与动词融合,无须等待时量短语进入结构后再进行。但对于（48）a中"刷白了三个小时"这一错误推导结果,这种分析同样无法解释。原因主要是虽然动词、结果谓词、宾语三者之间在句法上没有选择性关系,语义解读上的限制却仍然存在。也就是说,"刷–白"这一复合动词与动词复制中占据NP2位置的词建立关联后,必须在现实世界（或上下文语境）中获得合理的语义反馈。这对于

"三个小时"这样的时量词来说一般情况下是很困难的,只有本身可以跟时量词匹配的短语(如"买光")作为复合动词出现时才能成立。

综上所述,无论是将结果谓词分析成动词的补足语还是功能短语的指示语,都不能很好地兼容延时合并这一操作,因此本节认为延时合并和动词移位并不存在于汉语动词复制现象之中。更大的可能是由语境中提取的信息作为VP1出现在vP之上成为一个主题成分,而VP2只是一小句本身完整的结构。句子真正的宾语NP2则是合并在VP之上的功能短语的指示语位置。VP1与VP2之间没有特别紧密的句法关系,仅是在语义上建立了一种主题相关性,可以使两者解读成对同一个事件的描述。例如,(52)a中句子的句法结构可以分析成(52)b,同时其语义表达式如(52)c所示。

(52)a. 李四弹钢琴弹了三个小时。

b.

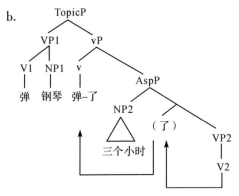

c. ∃e[弹(e)∧引发者(李四,e)∧体量(三个小时,e)∧相关(弹钢琴,e)]

用自然语言描述的话,(52)c的含义是:存在一个事件e,e具有"弹"的特征,e的发出者是"李四",e的体量是"三个小时",e与"弹钢琴"这一主题相关。在现实背景下,以上信息由逻辑组合后就可以得出"李四"引发的"弹钢琴"事件持续了三个小时这一解读。按照这个思路,含结果状语的动词复制结构的推导过程应如(53)所示。

(53)

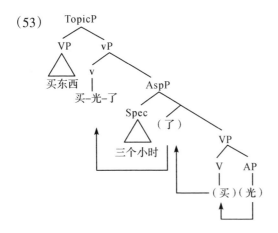

以上分析可以直接预测汉语动词复制结构在使用时存在的诸多限制。首先，只有VP2才能插入时体标记和否定词，这意味着主句的谓词部分是VP2。其次，只有没有任何修饰的光杆名词才能出现在NP1位置，数量词和修饰词都是被禁止的，如(54)a、(54)b所示。这说明VP1本身不是完整的谓词结构，其中的名词短语也不是完整的DP，只能是NP。而且根据Baker(2009)和Dayal(2011)的说法，当名词并入动词形成复合动词时会排斥一切修饰词，因此这里VP1很可能只是一个经过名词合并的复合动词，而非像曹逢甫(2005)说的那样是去动词化的名词。

(54)a. *李四弹一架钢琴弹了两个小时。

b. *李四弹破旧的钢琴弹了两个小时。

本节的分析还有一个佐证就是名词并列情况下的语义解读。当两个并列名词占据NP1位置的时候，量化部分的解读只能取统指解，且没有逐指解。例如，在类似(55)的句子中，两个并列的名词短语"钢琴和吉他"同时出现在NP1位置。此时谓语部分"弹了三个小时"只能指钢琴和吉他总共弹了三个小时，不能指每种乐器各弹了三个小时。

(55)李四弹钢琴和吉他弹了三个小时。(总共三个小时)

此外，如果不涉及动词复制，只是两个名词共同出现在动词之前的主题位置，这个句子的解读就没有上面的限制。量化部分的解读在这种情况下是有歧义的，既可以是逐指解，也可以是统指解，如(56)。此处解读可以像上面一样，表达两种乐器总共弹了三个小时。但同时也可能是钢琴和吉他各弹了三个小时，总共六个小时。

(56)李四钢琴和吉他弹了三个小时。(总共三个小时或六个小时)

名词宾语在(56)中出现在动词之前、主语之后,这一位置与(55)中的VP1十分相似,但两者有不同的解读。这说明并不是辖域问题导致了(55)中对于逐指解的限制,内部结构的差异是更加可能的原因。合理的解释就是"弹钢琴和吉他"出现在(55)中是一个不可拆分的主题短语VP1,并且这个主题短语严格来说不是谓词的一部分,只是在语义上与谓词描述的事件有所关联。

作为一个与谓词表达的事件有联系的主题短语,VP1是由语境中既有的信息提取组合而成的。这是一个相对自由的过程,语义和语用因素扮演了重要角色。然而从话语的经济原则出发,不含新信息的主题短语应当尽量简洁。但句法又要求其必须是一个可以独立使用的完整结构成分,所以[动词+名词]这样的组合应当是最符合要求的短语结构之一。同时,作为句子的核心谓语成分,VP2的推导遵循一个相对独立的过程。需要注意的是,无论是在汉语中还是在英语中,(57)a、(57)b所示的句子都是完全可以单独使用的合法语句。虽然相对动词复制结构而言句中缺少"弹/骑"的宾语,但这仅使得语句在语意上缺少了一些精确性,在有完整语境的情况下完全不影响理解。动词复制结构存在的意义可能只是为了消除这种语义上的模糊性。

(57)a. 李四弹了三个小时。/Mary played for three hours.

　　　b. 李四骑到了公司。/Mary rode to the company.

另外,本节认为次要主题位置也不是动词复制特有的,而是汉语句法结构里普遍存在的。或者说正好相反,是次要主题位置被动词短语占据时才形成了表面上看起来是动词复制的结构。而且,次要主题这一位置能够容纳的成分也不限于动词短语,名词短语也可以,如(58)a—(58)c。此外,成为次要主题的短语可由结构中既有的成分移位而来,也可以从语境中直接提取信息,就像动词复制结构里一样。推导类似(58)a的句子两种方式均有可能,但像(58)b、(58)c就只能靠语境信息提取了。

(58)a. 张三[$_{NP}$红酒]不喝。

　　　b. 张三[$_{VP}$开飞机]不行。

　　　c. 他[$_{NP}$书]写得很好。

本节认为,句首的基本主题和谓语之上的次要主题之间的差别主要在于辖域不同:次要主题只能关联谓词部分的信息,但基本主题则可以涵盖全句,包括主语在内,如(59)a、(59)b。需要使用动词复制的情况,大多是需要利用主题短语带来的相关性提高谓词部分的语义精确性,所以不需要太广的辖域,次要主题位置已经足够,从策略上也更加经济。此外,曹逢甫(2005)观察到,次要主题和基本主题之间是可以根据实际需要相互转换的,如(59)c、(59)d所示。因此,从句法角度来说,所谓动词复制只是一种简单的VP作主题的结构。

(59)a. 李四[$_{Top次}$写文章]写得很好,而且([$_{Top次}$])写得很快。

b. [$_{Top主}$写文章],李四写得很快,但张三写得更好。

c. [$_{Top主}$弹钢琴],李四弹了两个小时。

d. 李四[$_{Top次}$弹钢琴]弹了两个小时。

最后需要说明的一个问题是,为何英语和希伯来语中的动词复制结构都是由移位和延时合并推导得出,而在汉语中却是语境中的信息直接生成主题短语。本节认为其中的原因是VP2的句法地位在英、希两种语言中与在汉语中存在差异。上面提到,汉语里一般是目的地论元、时量短语、地点状语等短语占据动词复制里NP2这一宾语位置。同样类型的短语在英语和希伯来语里不能直接作宾语,而是由to、for等介词引入结构,所以从语类上来说合并在动词后的其实是介词短语(PP)。介词本身可以赋予名词短语需要的格,而整个短语本身的句法地位是嫁接语。这使得PP成为一个独立于谓词结构之外的成分。PP不需要随着动词短语发生移位,甚至可以通过延时合并这一操作等VP移位后再嫁接到原本谓语的位置。但汉语里NP2位置的成分并不是介词短语,而是货真价实的宾语,所以不是嫁接语成分,也不能延时合并。只能先推导出完整的谓语结构后,由主题短语进行语义上的补充。由此可以预测,当NP2不能由介词引入时,其他语言中也存在汉语同样的限制。例如,当真正的NP在希伯来语里充当VP2的宾语时,整个句子并不合法,如(60)a、(60)b所示。

(60)a. [$_{VP1}$ lisloax et ha-mixtav], Gil [$_{VP2}$ salax la-hanhala].

To-send ACC the-letter Gil send the-manager

欲表达意:Gil sent the letter to the manager. (Gil把信寄给了管理者。)

b. *[$_{VP1}$ lisloax la-hanhala], Gil [$_{VP2}$ salax et ha-mixtav].

To-send the-manager Gil send ACC the-letter.

欲表达意:同上。

(Landau,2007:151)

英语、希伯来语、汉语中动词复制的推导方式可以总结为(61)。

(61)英、希、汉中动词复制的推导方式：

语言	驱动因素	移位部分	保留复制	延时合并
英语	主题化	谓词(vP)整体	落点复制	Do(时态成分)
希伯来语	主题化	谓词(vP)部分	原始和落点复制	NP2(嫁接语)
汉语	(次要)主题化	无(直接合并)	无复制	无

5.3　存在句的斯拉夫化现象

本章讨论的最后一个问题是词尾"了"作为内时体标记对存在句结构的影响。从跨语言角度看，普遍存在借用标记性语序表达某人/某物存在于某处的含义。这种句式被称作存在句[①]，并在许多语言中表现出共同特点：动词后的DP通常具有非定指解读，如(62)a—(62)c。

(62)a. 英语：There on the wall hangs paintings/three paintings/*the painting.[②]

　　b. 希伯来语(Borer,2005b:319-320)：

　　parca　mehuma/salos mehumot/*ha.mehuma (ha.boqer).

　　erupted riot　　three riots　　/*the.riot　　(this.morning)

　　There erupted riots/three riots/*the riot this morning.

　　c. 汉语：墙上挂了一幅画/*那幅画。

然而，这一弱解读限制在句法上欠缺明确的形成原因。过往研究多认为存在句是某种固定的构式，即形式和意义相互结合的产物，弱解读限制是语义要求的反应(卢英顺,2017)。但这既无法把握跨语言视角下存在句表现出的共性，也无法解释部分语言中的特殊情况，如汉语中"着"与"了"标记的存在句不同，前者不受弱解读限制，如(63)，而后者受弱解读限制，如(62)c。

(63)墙上挂着一幅画/那幅画。

由此可见，存在句在句法结构上尚存在一些模糊不清之处，本节尝试利用外框架理论解决这些问题。英语中狭义上的存在句是由一个不具有语义内涵的there

---

[①] 表存在的句子和表出现/消失的隐现句有时统称为"存现句"。但卢英顺(2017)等认为存在句和隐现句必须区分开，因为两者属于两种不同的构式。本节只讨论表存在的句子，因此用"存在句"指代。

[②] 与(62)a相对，"on the wall hang paintings"这类句子一般称作地点倒装句(locative inversion)。一些研究认为此句型不等同于存在句，如Rezac(2006)。本书暂不讨论此问题。

作形式主语构成的句子。马志刚、唐胜虹(2012)认为there本身带有一个与地点相关的可解读特征[+Locative],因此可以用于存在句。针对there的句法功能基本有两派观点。Chomsky(1981)、Adger(2003)等认为there只是直接合并在高位[Spec, TP]的填充词,通过格传递(case transmission)为低位的主语赋格,如(64)a所示。Hazout(2004),李京廉、王克非(2005),马志刚(2013)等则认为there合并在谓词短语PredP的指示词位置,后移位到[Spec, TP],如(64)b。

(64) a. [$_{TP}$ There T(is) [$_{VP}$ [$_{DP}$ a man] standing in the corner] 格传递路径

b. [$_{TP}$ There [$_{PredP}$ t [$_{VP}$ [$_{DP}$ a man] standing in the corner] 移位路径

只是这些文献都无法解决(1)a中提到的弱解读限制,即为何DP只能是弱解读的非定指短语。不过,Bresnan(1994)提到,英语存在句中动词后的论元位置是信息焦点(presentational focus),出现在此的DP应该传达新信息。而定指DP一般传递的是已知信息,因此不用于存在句中。然而,Bresnan(1994)并没有详细说明究竟是什么句法机制使得这一论元位置变成了信息焦点。

McNally(2011:1831)则认为所有存在句中都有一个核心名词(pivot nominal),其存在性是句意讨论的焦点。这一语义功能由一个特殊的例现谓词(instantiate predicate)实现,其基本功能就是强调核心名词所描述的事物存在于某个时空点。Irwin(2018)在句法上发展了McNally(2011)的观点,提出例现谓词结构只包含两个论元——地点词和核心词,分别位于谓词中心语Pred的指示词和补足语位置,如(65)所示。

(65) [$_{FP}$ *BE* [$_{PredP}$ LOC [INSTANTIATE [$_{DP}$ PIVOT]]]]

(65)所示的结构里,谓词短语PredP不包含任何可见的实义动词,而是整体作系动词BE的补足语。例现谓词本身的特性要求其指示词必须是带地点特征的LOC,同时作补足语的核心名词PIVOT因为语义上必须是所描述特征集合的"实例化",所以不能是定指名词。如此一来就解释了非定指限制的产生缘由。然而,(65)中的结构只能生成(66)a这样的句子,不包含(66)b这样含有实义动词的句子,因为没有可供实义动词插入的句法位置,而这类句子同样受到非定指限制。

(66) a. There is a lady in the room.

b. There is a lady standing in the room.

另外,核心名词只能出现在谓词补足语位置也会产生一些问题。例如在(66)b 的非作格结构中,a lady 作为外论元一般认为是对应轻动词的指示词(Alexiadou, 2014),所以即使找到实义动词的插入位置也很难建立相应的语义关系,除非认为 a lady 与 standing 之间本就没有关系,但这不太符合语义直觉。因此,Irwin(2018) 的分析并没有完全解决非定指限制。

当下对于存在句推导过程最主流的分析当数 Lin(2001,2008)提出的轻动词分析。这一分析之后也应用在 Tsai(2008)等研究中。其主要观点是动词需要通过中心语移位提升至一个表存在的轻动词 EXT 的位置,而地点词就是 EXT 短语的指示词,如(67)所示。

(67) [$_{vP}$墙上[EXT] - [挂了/着][$_{vP}$t 一幅画]]

但这一分析同样存在问题。汉语存在句具有一些独有的特性,比如一般非作格结构应用在存在句中,体标记可以是"着",却不能是"了",如(68)a。同时,"着"标记的句子不受强制性弱解读限制,如(68)b。

(68)a. 水里游着/*了一条鱼。

　　b. 墙上挂着一幅画/那幅画。

(67)中的轻动词分析没有对"了"与"着"的结构做出区分,这样一来就无法解释(68)a 中非作格结构为何只能用"着"却不能用"了"标记。此外,Lin(2001)认为一般句子里承担施事角色的外论元是由一个轻动词 DO 引入结构,而在存在句里 EXT 代替了 DO 的位置,所以一般没有施事主语。而这一观点与(68)a 冲突,除非认为这里的"一条鱼"不是"游"这一动作的发出者,但这与语义常识相悖。最重要的是,轻动词提升本身无法直接解释 DP 的弱解读限制,因为理论本身没有提及 EXT 如何影响动词后的 DP 论元。[①]

当然,这里的问题可以通过对轻动词分析加以改造来解决。比如,可以假设汉语地点词和(64)b 中的 there 一样,是 PredP 的指示词。于是,PredP 下面还可以存在轻动词 DO,可以容纳包含外论元的非作格结构。但如此一来 EXT 存在的必要性就大大减弱,同时也更加无法解释弱解读限制。这里或可进一步假设地点词作为

[①] 韩景泉、潘海华(2016)和许歆媛、潘海华(2019)都提到,存在句等句式中动词后的位置都是焦点位置,如果某成分进入该位置就会被指派[–D]特征,这与定指名词本身的[+D]特征相冲突。但这一解释本质上与 Bresnan(1994)对于英语的解释相同,只是强行规定了某位置的解读方式,而非句法运算的结果。

EXT的指示词必须约束一个低位DP,而定指性DP却没有变量可供约束。但显然这不适用于"着"标记的存在句,因为此时弱解读限制并不存在,所以为了同时满足"了"与"着"的情况,还需进一步规定地点词的约束要求只存在于"了"标记的结构中,或者宣称"了"与"着"标记的存在句实际结构完全不同。但这些假设欠缺证据,且会降低理论的统一性和解释力。

另外,在"了"标记的存在句中,如果动词包含结果谓词且后跟施动论元,那么论元不仅强制要求弱解读,甚至还排斥数量词。只有真正的光杆DP才能出现在这些情况中。这种光杆限制在正常的SVO语序里并不存在,如(69)a、(69)b所示。这说明存在句在推导过程中涉及的操作比轻动词提升更加复杂。

(69)a. (一群)蜜蜂飞满了花园。

b. 花园里飞满了(*一群)蜜蜂。

(改编自Lin,2008:73)

Zhang(2019)则继承了Irwin(2018)中英语存在句分析的核心观点,即地点词和宾语DP之间由强调存在的抽象谓词连接。不过,鉴于汉语存在句普遍包含实义动词,Zhang(2019)对Irwin(2018)提出的句法结构进行了必要的改造。Zhang(2019)利用Nunes(2001,2004)和Bošković(2018)等提出的平行移位(side movement)操作,提出了"论元共享"概念——抽象的存在谓词和实义动词共享一个论元,即宾语DP,如(70)所示。

(70)

在(70)中,树1和树2本是独立的句法结构,"很多水"先是作为树1动词的宾语合并,之后通过平行移位并入树2,成为抽象谓词EXT的补足语。之后,树1剩余的VP结构"喝了"整体嫁接到树2的谓词短语PredP上,同时地点词"肚子里"提升至句首成为主语,形成了最终看到的语序。总体而言,(9)中的分析利用平行移位一举解决了(65)中实义动词无处插入、宾语DP无法与实义动词建立语义关系两大问题,同时保留了强调存在的谓词对宾语DP的选择作用,实现了Zhang(2018)提到的"存在封闭"。然而,这一分析没有把体标记的影响考虑在内,因此无法解释(68)b中定指DP存在的可能性。另外,存在封闭仅对非定指限制做出解释,却无法说明

(69)中光杆限制产生的原因。此外,平行移位在理论上存在一定争议,主要是移位缺少合理的动因,仅根据实际需要发生,尤其是 VP 嫁接于 PredP 这一步在句法和语义上都没有直接意义,只是为了产出正确语序。

综上,本节认为过往对于存在句的分析尚有四个问题没有解决:一是同时兼容非作格和非宾格结构;二是对弱解读限制做出解释;三是厘清时体标记对弱解读限制的影响;四是说明光杆限制产生的原因。下面将会提出一种新的存在句分析方式,以期解决上述问题。这需要借助 Borer(2005a)提出的"斯拉夫化"。

"斯拉夫化"这一术语源自 Borer(2005b)对于斯拉夫系语言中动词完成体前缀相关现象的分析,如(71)a、(71)b。

(71)a. Basia czytala　　　　artykuly.

Basia read.IMPERF articles

Basia read articles.

b. Basia **prze**.czytalap artykuly.

Basia read.PFV　　　articles

Basia read **the** articles. / *'Basia read articles.

(波兰语,Pinon,2001:1)

这里的动词词缀一般认为是体标记,却对作宾语的光杆名词的解读有影响:artykuly 在非完成体形态的动词后可以有非定指的弱解读,但在动词带完成体前缀的情况下只能是定指性的强解读。可见,此时词缀并不仅仅决定句子的时体。为了能够精确描述 DP 受到的影响,本节采用 Borer(2005b)中对于 DP 句法结构的分析。

(72)DP结构:$[_{DP}<e>_d[_{\#P}<e>_\# ([_{CL}<e>_{div})[_{NP} N]]]]$

根据(72)的结构,(71)b的宾语 DP 中$<e>_d$和$<e>_\#$都必须得到赋值才能得出相应解读。此时只有表达完整量化的动词前缀才有可能成为赋值项,如(73)所示。此时动词前缀不仅为表达终结性的内时体短语 Asp_QP 的空项$<e>_Q$赋值,同时还约束其 DP 指示词内的空项$<e>_d$和$<e>_\#$。然而,还有一些情况下宾语 DP 不是光杆形态,如(74)a、(74)b。

(73)

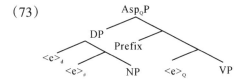

(74) a. Petr **na**-peklp mnoho housek.

Petr na-baked many　rolls.PL.GEN

Petr baked many rolles.

b. Petr **u**-peklp　dvu housky.

Petr u-baked two rolls.PL.ACC

Petr baked two rolls.

（捷克语，Borer，2005b：175）

此时，<e>#的赋值项是DP内部的数量词mnoho和dvu，因此完成体前缀无法像(71)b中一样为<e>#赋值。由此得出的结构如(75)所示。

(75) $[_{AspQP} [_{DP} <e>_d [_{\#P} mnoho/dvu <e>_\# NP]] Prefix <e>_Q]$

由于以上现象在斯拉夫系语言中最为常见，Borer(2005b)将其称作"斯拉夫化"。需要注意的是，斯拉夫化仅是从斯拉夫系语言中总结出的一种句法现象，并不意味着具有此现象的语言受到了斯拉夫语言的影响。这一现象基本性质可以总结为(76)。

(76)斯拉夫化(Borer，2005b：299)

　　A. 被斯拉夫化允准的节点无须其他方式再次允准；

　　B. 一个被斯拉夫化的中心语如果有DP指示词，那么此DP中必须至少一个空项被为中心语空项赋值的赋值项约束。

(76)意味着斯拉夫化是一种更强的中心语—指示词关系。但相对于一般中心语—指示词关系必须严格遵守局部性(locality)条件，斯拉夫化可以随着赋值项的移位在一系列的节点上起效。这种特性在解决存在句跨语言下的不同表现时十分具有优势，主要表现为以下三点。一是因为弱解读限制是存在句中谓词结构对论元解读产生的限制，而在没有特定的约束者的情况下，想要对论元施加影响，中心语—指示词关系就是最可能的手段之一。二是非作格和非宾格结构中论元位置并不相同，想要兼容两者就需要对应的操作可以在多个节点上起效，这是一般中心语—指示词关系所不具备的，却是斯拉夫化后的中心语可以做到的。三是弱解读限制有时会消失,有时却会"升级"为光杆限制,这说明对应的操作并非简单的"非有即无",而是必须能够根据情况加强或减弱,而(73)和(75)已经展示了斯拉夫化的中心语约束的空项数量可以改变,因此理论上可以达到需要的效果。

想要将斯拉夫化应用于存在句分析,还需要明确另外一个句法上的操作,即事件短语空项的允准机制。Borer(2005b)认为,语义上的事件结构映射到句法中不仅包含动词的投射VP,还包含VP所有的扩展投射,其中位置最高的就是事件短语投射EP,其中心语空项记作$<e>_E$。语义学上事件变量需要存在封闭(Parson,1990),因此句法上$<e>_E$也需要被存在约束。在一般SVO型语言的默认语序下,这一要求通常由EP指示词位置的主语DP来实现,如(77)。

(77) $\left[_{EP} DP^{\exists} <e>_E \left[_{TP} \right]\right]$

与必须要有一个主语的扩展投射原则(EPP原则)不同,事件空项$<e>_E$的允准机制本质上是所有语言都需要的,包括不适用于EPP原则的语言。这一点导致了存在句论元的弱解读限制,有时需要借助斯拉夫化的动词来实现。存在句中DP论元没有移位到句子的左侧边缘,因此无法像(77)中描述的那样约束$<e>_E$。为解决这一问题,Borer(2010)认为最直接的做法就是先由取代DP位置的地点词为$<e>_E$赋值,然后得到赋值的$<e>_E$进一步约束论元中的$<e>_d$,使整个DP呈弱解读,如(78)。这一过程并不涉及斯拉夫化。另外,由于$<e>_E$辖域极高,DP论元无一例外都是弱解读。西班牙语就是采用这一机制的典型语言。因此,Torrego(1989)指出西班牙语的存在句中地点词不可省略,如(79)。

(78) $\left[_{EP} LOC^{\exists} <e>_E \left[_{TP} \left[V \left[_{DP} <e>_d \right]\right]\right]\right]$

(79) 西班牙语(Torrego,1989:255):

*(En este parquet) juegan ninos.

In this park play children

欲表达意:There are many children playing in the park.

但加泰罗尼亚语有所不同。当动词合并地点附着词(clitic)hi时,允许地点词的省略,如(80)a、(80)b所示。此时[Spec,EP]位置为空,动词与附着词合并后被斯拉夫化并带上地点特征($V_{-LOC}{}^{\exists}$),随后逐步提升至EP中心语赋值项的位置,直接为$<e>_E$赋值。同时,V_{-LOC}在低位即可直接存在约束DP,无须通过$<e>_E$中转。这也意味着控制DP的成分不再具有高辖域。不过,斯拉夫化的动词在提升中可以约束其每一个指示词,因此同样可以保证弱解读限制同时作用于非作格和非宾格结构,句法结构如(81)a、(81)b所示。

(80)加泰罗尼亚语(Torrego,1989:264-265):

    a. Hi-dormen molts nens.

    There-sleep many boys

    There sleep many boys.

    b. Hi-canten molts nens.

    There-sing many boys.

    There sing many boys.

(81) a. $[_{EP}$ V-$_{LOC}$ ∃ <e>$_E$ $[_{TP}$ [V̶-$_{LOC}$ ∃ $[_{DP}$ <e>$_d$ $]]]]$

    b. $[_{EP}$ V-$_{LOC}$ ∃ <e>$_E$ $[_{vP}$ $[_{DP}$ <e>$_d$ $]$ v- V̶-$_{LOC}$ ∃ $[$ V̶-$_{LOC}$ ∃ $]]]]$

英语存在句的句首被包含地点词特性的there占据,看似与西班牙语十分相近,但Borer(2005b)指出,在没有真正的地点词的情况下单纯由there引导的句子接受度并不高,除非there不是语义为空的形式主语,而是实际指代某个地点,如(82)。

(82)英语(Borer,2005b:288):

There lived ??(in London) in the 19th century a famous author.

这说明there不足以允准EP,因此不可能是<e>$_E$的赋值项。Borer由此认为英语中there作形式主语时是弱性,虽然占据[Spec,EP]这一位置却不能存在约束<e>$_E$,甚至自身都是被约束的对象。真正为<e>$_E$赋值的仍是不可或缺的地点词。此时地点词没有占据中心语赋值项位置,也不是中心语空项的指示词,而是作为嫁接语间接为<e>$_E$赋值。与加泰罗尼亚语不同的是,英语的地点修饰词是动词短语的嫁接语,一般无法直接约束论元DP,因此仍需要<e>$_E$中转,如(83)所示。这是存在句中约束事件空项<e>$_E$的第三种方式,但并不涉及斯拉夫化。

(83) $[_{EP}$ There$_{weak}$ <e>$_E$ LOC $[_{TP}$ $[$ V $[_{DP}$ <e>$_d$ $]]]]$

除上述情形外,还有一些语言的存在句既不包含地点词,也没有地点特征的附着词,却同样受到弱解读限制,排斥定指性DP。希伯来语就是这样的语言,如(84)。

(84)希伯来语(Borer,2005b:255):

    a. parca **mehuma** (ha.boqer).

    erupted riot   (this.morning)

    There erupted riots (this morning).

    b. parcu **salos mehumot**.

    erupted three riots.

    There erupted three riots.

    c. parca **(*ha.)mehuma** (ha.boqer).

    erupted (*the.)riot   (this.morning)

    Intended reading: *There erupted the riot this morning.

Borer(2005b)认为,希伯来语存在句与加泰罗尼亚语存在句高度相似,区别在于地点附着词在后者里是显性,而在前者里是隐性,由此得出了(85)中的假设。

(85)A. 当主语论元位于动词后时,地点词必须为$<e>_E$赋值;

    B. 当[Spec,Asp_QP]由非量化结构占据,斯拉夫化的动词中心语必须为$<e>_Q$赋值。

具体操作上,当没有其他手段可以对$<e>_Q$赋值的时候,动词必须扩展投射成$[_{AspQ}<e^{loc/∃}>_Q[V]]$,这意味着其需要在$Asp_Q$节点被赋予存在性的值,使其可以作为中心语赋值项为$<e>_Q$赋值。中心语特征$<loc/∃>$可以作为赋值项存在约束$<e^{loc/∃}>_Q$,即斯拉夫化。运算的结果就是带地点特征的动词形态$V_{<LOC>}$。但$<loc/∃>$特征在希伯来语中并没有相应的语音形式,所以斯拉夫化的$V_{<LOC>}$在语音上与普通的V毫无二致。根据(75)的定义,$V_{<LOC>}$作为斯拉夫化的动词中心语必须约束其指示词位置的DP中相应的空项$<e>_d$,因此$<e>_d$不能被其他赋值项约束,只能留空以待$V_{<LOC>}$对其进行约束。$<e>_d$留空的DP只能做非定指性的弱解读,不能做定指性强解读。由此产生了(84)中的弱解读限制。$V_{<LOC>}$提升至EP中心语位置约束$<e>_E$,整个运算收敛,如(86)所示。

(86)$[_{EP} V_{<LOC>} <e>_E [_{TP} [_{DP} <e>d] V̶_{<LOC>} <e>_Q [_{VP} V̶]]]$

(86)中最重要的思想就是动词中心语可以带一个地点特征并影响其指示词的

解读,却在语音形态上完全没有变化。本节认为这同样适用于汉语存在句。事实上,体标记"了"会引起(70)b所示的斯拉夫完成体前缀类似的现象,如"张三吃了苹果"里光杆DP"苹果"只能是定指性强解读(某些苹果)。因此,本节将"了"放在与斯拉夫完成体前缀相同的Asp_QP中心语位置。汉语中的事件结构在句法中的映射如(87)所示。[①]

(87) $[_{EP}<e>_E[_{vP}[_{AspQP}了<e>_Q[_{VP}V]]]]$

"了"的终结性特征在Sybesma(1999)中就有提及,但(87)中Asp_QP位于vP和VP之间这一观点更接近Tsai(2008)和Travis(2010)。当动词提升至Asp_Q位置与"了"结合后即被斯拉夫化,为中心语空项$<e>_Q$赋值的同时也必须为指示词内部的$<e>_d$和$<e>_\#$赋值。这就解释了为何"水里游了一条鱼"这样的句子不成立:在没有特殊语境的支持下,这种非作格结构一般无法解读为终结性事件,本身不含Asp_QP这一终结性功能短语。这使得我们在不改变存在句基本结构的情况下对非作格和非宾格结构进行区分。

本节认为汉语存在句论元的弱解读限制也是受斯拉夫化现象的影响,但汉语允准EP的机制与上节中提到的几种都不同,虽然地点词出现在$[Spec, EP]$,却不能像西班牙语那样直接为$<e>_E$赋值,在这一点上与英语中的弱there比较相似。但就推导过程来说,本节认为汉语存在句更接近希伯来语,即由地点词约束一个动词上的空项$<e^{loc/\exists}>_Q$,当动词提升到Asp_Q就会被斯拉夫化,如(88)。

(88) $[_{EP}LOC[_{AspQP}V<e^{loc/\exists}>_Q\text{-}了<e>_Q[_{VP}\cancel{V}]]]$

(88)运算的结果是$[V_{<LOC>}\text{-}了]$,但同希伯来语一样,地点特征不会带来语音形态上的改变。此时斯拉夫化的动词必须约束指示词里的$<e>_d$。与此同时,由于光杆DP不带量化特征不能为$<e>_Q$赋值,$[V_{<LOC>}\text{-}了]$还必须同时承担这一功能。作为斯拉夫化的中心语,这意味着$[V_{<LOC>}\text{-}了]$还需要约束指示词DP中的一个与量化相关的空项,即$<e>_\#$。总结起来,动词中心语必须约束DP里的$<e>_d$是因为动词被地点词约束从而斯拉夫化,而必须约束$<e>_\#$是因为斯拉夫化后还约束了$<e>_Q$,如(89)所示。

---

① 汉语究竟是否有TP投射向来有争议。本节暂时忽略此点,仅假设EP是在谓词短语之上某处的投射。

(89) $[_{EP}$ LOC $[_{AspQP} [_{DP} <e>_d [<e>_{\#} [NP]]] V_{<LOC>}$-了 $<e>_Q [_{VP}]]]$

上述操作完成后,$[V_{<LOC>}$-了]继续提升到 EP 中心语位置并为 $<e>_E$ 赋值,如(90)。这一步与(81)所示的加泰罗尼亚语和(86)所示的希伯来语类似。结果就是一个只有光杆 DP 论元却有终结性事件解读的存在句,如(91)。

(90) $[_{EP}$ LOC $V_{<LOC>}$-了 $<e>_E [_{AspQP} [_{DP}] [_{VP}]]]$

(91)山上盖了房子。

但在(92)a 这样的句子里,占据[Spec, Asp$_Q$P]的不是一个光杆 DP,而是带数量词的 DP。量词"两栋"本身带量化特征,可以为中心语空项 $<e>_Q$ 赋值,所以 $[V_{<LOC>}$-了]的赋值功能就不会被触发。DP 里的 $<e>_{\#}$ 不需要被斯拉夫化的动词约束,如(92)b 所示。

(92)a. 山上盖了两栋房子。

    b. $[_{EP}$ LOC $[_{AspQP} [_{DP} <e>_d [_{CLP}$ 两栋 $<e>_{\#} [NP]]] V_{<LOC>}$-了 $<e>_Q [_{VP}]]]$

然而,$[V_{<LOC>}$-了]约束 $<e>_d$ 这一步仍会发生,因为动词仍需要为 $<e>_E$ 赋值,已被地点词约束而斯拉夫化,所以最终运算的结果仍遵循弱解读限制。而强解读的定指 DP 不能出现在这样的存在句中,因为 $<e>_d$ 会被定指性的成分抢先约束,如(93)中的"那"。

(93)*山上盖了那两栋房子。

由此,弱解读限制被斯拉夫化的要求解释。同时,这一分析还可以预测一些存在句会受到光杆限制,如(69)b。此时"蜜蜂"是事件的施事,一般来说应是轻动词短语 vP 或 VoiceP 的指示词(Heim & Kratzer, 1998),而宾语位置[Spec, Asp$_Q$P]此时为空。因此,本节认为,鉴于[Spec, Asp$_Q$P]不存在能够给 $<e>_Q$ 赋值的 DP,动词必须被斯拉夫化,如此才能在 Asp$_Q$P 处为 $<e>_Q$ 赋值,同时在 EP 处为 $<e>_E$ 赋值。这种不含宾语的终结性事件在 Mittwoch(1991)和 Borer(2005b)中都有讨论,其中后者提到了下面的例子。

(94)a. The army took over (in two hours).

    b. They paired up (in two minutes).

此时 took over 和 paired up 都做终结性事件解读,因此可以兼容 in two hours。

小品词 over 和 up 已经与动词形成了固定搭配,不可随意替换。Borer(2005b)认为这样的词组已经习语化(idiomatised),因此其中包含功能词类,而动词仅是词根(root)形态,如(95)a、(95)b。

(95)a. $[_{AspQP} \text{over}_{\#} [\sqrt{} \text{take} <e>^{OVER}]]$

b. $[_{AspQP} \text{up}_{\#} [\sqrt{} \text{pair} <e>^{UP}]]$

(95)a 的含义是:在这个习语化的词组中词根 $\sqrt{}$ take 带有一个空项 $<e>^{OVER}$,使得它必须在 $Asp_Q P$ 跟 over 结合,由此建立了 take 和 over 之间的强制性选择关系。(95)b 里的 pair 和 up 也是一样。动词和小品词组合后即具有为 $<e>_Q$ 赋值的能力,所以产生了一个没有宾语的终结性事件。

本节认为,(69)b 也是由类似的推导过程得来的,唯一的区别在于动词后的结果谓词经历了一个句法上并入动词的过程(Sybesma,1999)。这里动词带有一个终结性的空项 $<e>_{TELO}$,必须由蕴含终结性的结果谓词赋值。因此,"满"与动词合并产生的复合动词具有为 $<e>_Q$ 赋值的能力,这一过程和(95)a、(95)b 所示的习语化一致。

鉴于地点词始终需要约束动词,(69)b 这类句子中动词其实经历了地点词和结果谓词的双重斯拉夫化。结果就是[飞满$_{<LOC>}$-了]这一形态在移位至 EP 的过程中,每当遇到一个 DP 指示词,都需要为其中的 $<e>_d$ 和 $<e>_{\#}$ 两个空项赋值。这一移位路径就包括引入施事论元的 vP。而掌管指代性的 $<e>_d$ 和量化的 $<e>_{\#}$ 都必须留空以待动词赋值,这意味着 DP 本身只能是非定指、非量化的,表现为没有任何修饰的光杆形态。这就是类似语句中光杆限制的由来,如(96)a—(96)c 所示。

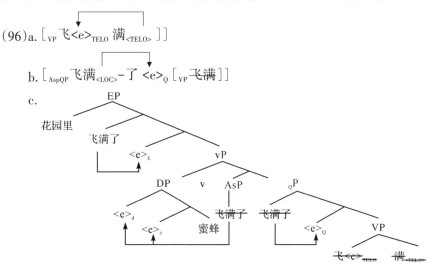

(96)a. $[_{VP} \text{飞} <e>_{TELO} \text{满}_{<TELO>}]$

b. $[_{AspQP} \text{飞满}_{<LOC>} - \text{了} <e>_Q [_{VP} \text{飞满}]]$

c.

体标记"了"是内时体短语 Asp_QP 的中心语,所以当"了"不出现时,可以认为斯拉夫化的操作并没有在内时体短语这一位置发生,而是延迟至另一个中心语位置。这意味着所有低于这一位置的DP指示词都不会受斯拉夫化动词的影响。汉语里"着"是表示事件持续的体标记,与掌管终结性的 Asp_QP 不兼容。因此,本节认为"着"标记的句子里宾语并非 Asp_QP 的指示词,而是一个与 Asp_QP 对应的非终结性功能短语(暂记作FP)的指示词。而"着"作中心语的功能短语DurP辖域在vP之上,这就直接解释了论元没有弱解读限制的原因:动词只有提升到DurP中心语时才会被地点词约束从而斯拉夫化,在此之下所有指示词位置的DP都不会被动词约束。因此,不管是[Spec,vP]的外论元还是[Spec,FP]的内论元都不会受到弱解读限制,如(97)a、(97)b所示。

(97)a. $[_{EP}$墙上 挂$_{<LOC>}$-着 $[_{DurP}$挂$_{<LOC>}$-着 $[_{vP}[_{FP}[_{DP}$一幅/那幅画$]$挂$[_{VP}$挂$]]]]]$

b. $[_{EP}$水里 游$_{<LOC>}$-着 $[_{DurP}$游$_{<LOC>}$-着 $[_{vP}[_{DP}$一条/那条鱼$]$游$[_{VP}$游$]]]]$

5.4　本章小结

本章借助外框架理论和第2章至第4章做出的关键假设,分析了汉语中词尾"了"相关的三个问题,分别是时量短语、动词复制和存在句。

首先,时量短语基本结构是[时量词＋(的)＋宾语名词],由于时量词具有整量词的特征,因此在DP中占据核心位置,宾语名词通过"的"字与时量词连接,这决定了名词只能以光杆形式出现。时量短语并非被动词选择,而是合并于内时体标示词位置,以时间长度衡量事件体量,因此虽然词性上更接近名词短语,语义上却被解读为整个事件持续的时间。但在一些情况下时量词和名词可以分置于两个位置,这种情况下时量词变成了动词的补充,由名词短语界定事件的体量,由此产生的语序是[宾语名词＋时量词]。此外,表达时间长短的短语未必都是时量短语,也有可能是纯粹的修饰性成分。这种情况下与时量短语在句法上有明显的区别。本章的分析指出,动词和宾语在句法上未必具有严格的选择关系,表面上差异明显的名词和时量词在句法上可能占据相同的位置,在事件结构中起到类似的作用。

其次,时量短语在汉语中的特殊地位引发了动词复制现象,而本章从跨语言对比的角度讨论了其句法推导过程与其他语言类似现象的异同。其中,主题提升是英语动词复制结构产生的动因。这一操作涉及整个谓语部分vP的移位,并为了传达时态信息在动词不能被 T 成分统制后插入了助动词 do；VP1 在希伯来语里同样发挥主题成分的作用，但仅是谓词短语的一部分移位的结果，而移位前后产生的两个复制体都在语音上得以保留，NP2 则作为谓词部分的嫁接语通过延时合并进入结构；与上面两种语言都不同，汉语动词复制结构并不是靠动词的复制和移位产生的。从语境中直接提取的信息形成了 VP1，初始即合并于 vP 之上的位置作次要主题成分。这使得 V1 不受屈折变化控制，NP1 也不能带有任何修饰成分。同时，NP2 具有与普通宾语相同的句法地位，合并在动词之上功能成分的指示语位置。因此，根据这一分析，汉语中所谓动词复制结构事实上并没有通过句法手段复制主句的动词，而是动词短语出现在次要主题位置关联谓词部分产生的一种"巧合"。严格来说不应该被称作动词复制现象。不过，多个动词短语并列的连动式用法在汉语中十分常见，本章的分析对于连动式的研究或可提供新的思路。

最后，本章借助 Borer（2005b）提出的斯拉夫化概念分析了不同语言的存在句的句法推导过程，并认为存在句中普遍存在的论元弱解读限制来源于动词斯拉夫化的结果，即句法结构中特定的中心语和其指示词必须接受同一赋值项约束。以汉语为例，其存在句按逻辑顺序的推导过程总结如下：

①事件短语 EP 含有一个需要被存在约束的空项 $<e>_E$。

②地点词合并于 [Spec, EP]，但并不能给 $<e>_E$ 赋值，而是约束动词里的空项 $<e^{loc/\exists}>_Q$，使其斯拉夫化。

③斯拉夫化的动词提升到 E 后可以为 $<e>_E$ 赋值。

④动词斯拉夫化后若指示词是 DP，则强制性约束其 $<e>_d$，选择性约束其 $<e>_\#$。

⑤若体标记是"了"，动词斯拉夫化的位置是 vP 和 VP 之间的 Asp_0；若体标记是"着"，动词斯拉夫化的位置是 vP 之上的 Dur。因此只有前者受到弱解读限制。

本章的分析证明，存在句的句法表现差异可以归结为 EP 所含空项的允准机制不同。上述讨论表明，第 2 章至第 4 章的词尾"了"外框架分析可以广泛适用于多种相关句式。

6 完整体句尾『了』

汉语中,没有体标记的句子一般只能表达"习惯性状态"解读的含义。如(1)a中的"喝酒"只能表示张三过去或现在具有喝酒的习惯,并不指代某个具体的事件,因此,时间副词"昨晚"与这样的语义不相兼容。若要特指"昨晚喝酒"这件事,一般需要在动词后添加词尾"了",宾语也需要是量化论元,这样得到的就是完整体解读,即事件起止结束点均在某个参照时间点前并被当作整体看待,如(1)b所示。

(1)a. 张三(*昨晚)喝酒。

b. 张三昨晚喝了一瓶酒。

另外,与词尾"了"形态相同却占据不同位置的句尾"了"则既可以用于完整体的具体事件,如(2)a中"喝酒"在参照时间(此处同话语时间)前已经结束,也可以用于非完整体的习惯状态中,如(2)b。

(2)a. 张三昨晚喝酒了。

b. 张三不喝酒了。

然而,由此产生了一个问题,即(2)a中的完整体含义由何而来。具体来说,如果(2)a中完整体解读由句尾"了"提供,那么就无法解释(2)b为何没有完整体解读,毕竟一种标记同时具有两种相反的句法功能是不太可能的。但除句尾"了"之外,(2)a的剩余部分均与(1)a相同,本身无法表达完整体含义。这一矛盾是本章试图解决的核心问题。

本章旨在讨论(2)a中完整体来源的问题。本章沿用前文的分析,认为词尾"了"具有完整体标记功能,所有表达完整体的独立语句都需要词尾"了"。而句尾"了"与完整体无关,具体表达的含义本章暂不讨论。同时,词尾"了"和句尾"了"不应该由在语句中的位置来区分,而应该以其句法功能区分,所以本章很多时候将以"完整体'了'"代指"词尾'了'"。由此可以得到的推论是,(2)a这类语句既然具有完整体含义,其中的"了"就应该是作为完整体标记的"了"。但随之而来的问题是,一般出现在动词后、宾语前的完整体"了"此处为何会出现在宾语之后。

本章的观点是,此时宾语是因为受到其他句法操作的影响经历了移位才出现在"了"之前,而这一操作就是假性动名融合,即PNI,以及之后伴随的VP提升,证据就是这类语句中宾语名词没有具体指代,仅是动词的补语。另外,宾语并未提升至动词之前,却出现在"了"之前,说明移位的是整个VP,而汉语并没有VP提升的惯例,因此在移位之前必然有操作使得动词与宾语连接在一起,这也是PNI的典型作用。动词和名词受到PNI的影响,两者组成的动词短语提升至"了"所在的内时体短语的标示词位置。因此,在最终语序中动词和名词都出现在"了"之前,而表完整体的"了"却出现在句末位置,看起来像句尾"了"。由此可以解决(2)a分明只在句尾有"了"却可以有完整体解读的问题。而将完整体功能从句尾"了"的语法功能中剔除有助于排除干扰,对句尾"了"的性质进行更精确的描述。以上所述的句法操作将在第6.3节详细阐述。下面,我们首先回顾过去对于句尾"了"的研究,讨论为何不能解决完整体句尾"了"的问题。

6.1 过往研究回顾

关于句尾"了"语法功能的研究一直以来都没有明显的共识。Li & Thompson (1981)认为句尾"了"是一个话语标记,并总结了句尾"了"可以传达的五种含义:状态改变(change of state)、纠正错觉(correcting a worng assumption)、报告进展(progress so far)、引出下文(what happens next)、结束陈述(closing a statement)。但句尾"了"作为一个纯功能性标记自然无法表达如此具体的含义,因此这五种含义更多是对含句尾"了"的句子的语义归纳。这种笼统的归纳没有抽象出句尾"了"的真正的语法功能,甚至没有说明句尾"了"是否真的跟时体相关,因此更不能确定句尾"了"在句法上的地位。

在此基础之上,金立鑫(2003)肯定了句尾"了"与时体的联系,并认为句尾"了"表达的是"起始体",即某一事件或行为状态的起始。在这种观点下,本章研究的完整体句尾"了"实际上是表达事件结束后完成状态开始持续的含义。但这一说法仍有模糊之处,因为按此所说,词尾"了"表达的普通完整体语句同样可以有此解释,这会混淆词尾"了"和句尾"了"的语法功能。如果句尾"了"表达的是"完成状态的起始",那么就必须说明"完成状态"从何而来,因为不含词尾"了"的结构本身是无法表达"完成状态"的。此外,这一说法仍没有指出句尾"了"在句法结构中的位置。

Shen(2004)同样肯定了句尾"了"与时体的关系,并将其当作一个体标记置于轻动词投射vP之上的AspP位置,而句尾"了"之所以出现在句尾则是因为AspP是中心语后置投射的关系。但Shen(2004)也指出,体标记必须与轻动词保持一致性关系。只有当轻动词为动态的dlv时,AspP的中心语才可以是句尾"了",而当轻动词是静态的slv时,AspP的中心语只能留空,或者有一个空标记与slv对应,如(3)a和(3)b所示。

（3）

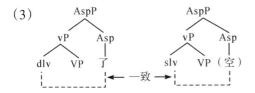

Shen(2004)认为,（3）中显示的在结构上的差异可以解释为何句尾"了"在(4)a
中不能出现,在(4)b中却不能不出现:因为"好吃"是slv投射,而"倒"是dlv投射。

（4）a. 昨天的晚饭很好吃(*了)。

b. 这棵树倒*(了)。

但问题是,这一理论无法解释本章的核心问题,即句尾"了"为何能同时出现在
完整体和非完整体语句中。这主要是忽视了非完整体语句也可以是动态dlv投射。

与以上分析不同,Soh(2009)并没有直接尝试把句尾"了"与时体挂钩,而是认
为句尾"了"是一个预设标记,其功能是强调当前状态和过去状态的对比。因此,
"花红了"预设了在此之前"花不红","张三喝酒了"预设了"张三之前不喝酒"。
Erlewine(2017)也接受这一说法,同时认为此时"了"作为一个句末标记词出现在
vP之上的位置。

句尾"了"的含义由当下情境和预设情境的对比得来。这一解释很好地抽象出
了句尾"了"的语法功能,但很难应用到完整体句尾"了"的例子中,这主要是因为
"张三喝酒了"作为完整体事件解读时"了"是必要的。如果拿掉句尾"了",余下的
部分"张三喝酒"只能作为非完整体习惯解读。但按照Soh(2009)的说法,想要以预
设对比的手段得到完整体解读,预设情境必须是"完整体下的否定",即"张三没有
喝酒",而非"非完整体"的"张三(以前)不喝酒",所以这一解释仍然没有解决完整
体句尾"了"的问题。

此外,以上分析无论是否指出句尾"了"的句法地位,都没有意识到一个问题,
即完整体"VO-了"结构中宾语位置的名词受到诸多限制,如名词不具有指代性,只
有跟动词形成特定含义的事件时才能出现,且排斥非固定搭配的形容词和数量词
修饰语,如(5)a—(5)c。

（5）a. 张三$_i$昨晚杀人$_j$了,他$_{i/*j}$是个老师。

b. ?? 张三昨晚杀猫了。

c. ?? 张三昨晚喝名贵的/一瓶酒了。

当然还有一种更简单的可能,即(2)a这样的句子实际上包含一个不发音的词

尾"了"。正是这个词尾"了"给整个句子施加了完整体解读。如此一来,类似结构里可见的"了"就是纯粹的句尾"了",同时也可以解释完整体来源问题。也就是说,(2)a实际等同于(6)a。

(6)a. 张三昨晚喝(了)酒了。

　　b. 张三昨晚杀了一只猫/喝了一瓶名贵的酒(了)。

但这一解释存在一些问题。如果允许不发音的词尾"了"存在,那么"张三喝酒"这种表面上没有"了"标记的句子理论上也可以有完整体解读,但这在(1)a中可以看到是不成立的。这里或许可以进一步假设词尾"了"只有在同时出现句尾"了"时才可以进行语音省略,但即使这样也无法解释(5)a—(5)c中的限制。因为正常情况下无论是否出现句尾"了",词尾"了"标记的句子宾语都具有指代性,且不受修饰词和习惯搭配限制,如(6)b所示。

事实上,为了区分词尾"了"和句尾"了",Soh(2009)提出几种测试,这恰好为我们提供了一些思路。词尾"了"和句尾"了"在一些情况下很难区分,如"张三胖了"。如果把"胖"看作动词,那么这里的"了"既位于动词末,也位于句子末,如此便很难界定此处究竟是词尾"了"还是句尾"了"。同时,这类语句本身就有歧义:既可以解读为张三变胖了,也可以解读为张三相对以前胖了。两种解读表面上十分相近,但前者包含变化的过程,是完整体解读,后者则只表示状态之间的对比,是非完整体解读。Soh(2009)曾提出词尾"了"和句尾"了"在句法上有三点不同之处,可以作为两者区分的标准。首先,词尾"了"一般不能用于表状态或习惯的语句中,而句尾"了"可以,如(7)a、(7)b所示。其次,词尾"了"不可与否定标记"不"共现,而句尾"了"不受此限制,如(8)a、(8)b所示。最后,词尾"了"一般不用于将来时的句子中,但句尾"了"可以,如(9)a、(9)b所示。

(7)a. *张三想了家。

　　b. 张三想家了。

(8)a. *李四不吃了苹果。

　　b. 李四不吃苹果了。

(9)a. *小李会/准备吃了苹果。

　　b. 小李会/准备吃苹果了。

然而,以上三种区分方式全部基于一个隐含假设,即词尾"了"是完整体标记,仅用于完整体句子中,而句尾"了"不是完整体标记。状态、习惯都是与完整体互斥的时体,而如果参照时间默认为会话时间,将来时也与现在完整体的状态矛盾。因此,如果词尾"了"是完整体标记,自然无法用于这些语句中。另外,Ernst(1995)也提出,汉语否定标记"不"具有"非界性条件"(unboundedness condition),即"不"不能用于有界性事件,而完整体事件是典型的有界性事件。因此,Soh(2009)中提出的方式与其说是两种"了"的界定标准,不如说是对两种"了"的重新定义,带完整体功能的是词尾"了",不带完整体功能的是句尾"了"。同时,(6)的两种解读分别对应两种"了",完整体解读对应词尾"了",非完整体解读对应句尾"了"。按此思路,完整体句尾"了"的存在就存疑了。而如果所谓完整体句尾"了"实际上是完整体"了"出现在了句末,那么上面多数问题就会迎刃而解,因为如此一来就没有必要纠结句子的完整体由何而来,也没必要强行将矛盾的语法功能赋予一个标记。只是,如果是这样,那么必然存在一些句法操作使得宾语也跟动词一样出现在"了"之前。本章认为,这是由于名词跟动词进行了PNI,然后两者在句法结构上一起提升到了高于"了"的位置。在第6.2节中,我们会首先讨论什么是PNI。

6.2 PNI:起源与特性

PNI的概念最初是由Massam(2001)基于对纽埃语(Niuean)的研究提出的。这种波利尼西亚语言的基础语序是"谓—主—宾"(VSO),但在特殊的情况下宾语可以跟随动词提升至句首,形成"谓—宾—主"(VOS)的语序,如(10)a和(10)b所示。

(10)a. Takafaga tumau ni   e ia e   tau ika.   (VSO)

     Hunt   always Emph Erg he Abs Pl   fish.

     He is always fishing.(他总是在钓鱼。)

     b. Takafaga ika tumau ni   a   ia.   (VOS)

     Hunt   fish always Emph Abs he.

     He is always fishing.(他总是在钓鱼。)

Massam(2001)认为在纽埃语中动词短语VP需要提升至句首。宾语如果是指代性的DP,就需要移出VP获得格位,不会随动词提升,由此得到标准语序VSO。但如果宾语是非指代性的NP,就不需要格位,所以可以随动词提升至TP标示词位置,得到VOS的语序,如(11)。

（11）

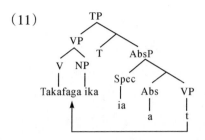

根据Baker(1988)，严格意义上的动名融合(Noun Incorporation，NI)是指名词通过中心语移位并入动词形成一个复合中心语。但Massam(2001)对纽埃语的分析不涉及中心语合并，动词和名词只是保持动词短语的状态一起提升，因此Massam(2001)将这一现象称为PNI。需要注意的是，PNI与其说是一种理论，不如说是对于一种现象的描述。PNI的过程仅包括最基础的词项合并，并不涉及任何特殊的句法操作。这一现象因为纽埃语中常规性的动词提升变得可见，而宾语格位的缺失为其提供了佐证。可以说，PNI在句法上几乎没有存在感。只是PNI必定伴随VP移位，而当宾语名词出现在动词补语这个非格位位置时，VP的结构和语义解读本身就会有所改变。

汉语并没有常规性VP提升，但Huang(2015)指出，像在汉语这样综合性(synthetic)程度较高的语言中，动词经常会带出其同源宾语，以动宾结构的方式表达一些简单的动作行为。这一现象便是受到了PNI的影响，Huang(2015)将其称为"假性名词融合"。

PNI影响下的动词短语有一些明显特征。首先，PNI短语中的名词不具有任何具体指代性，仅仅是动词语义的补充。例如，Dayal(2011)提到印地语PNI短语中的名词就不可以接受代词的回指，如(12)所示。句中的"laRkiii dekh"的字面意思是寻找女孩，但此处泛指相亲。

(12)anu apne bete ke-liye laRkiii dekh rahii   hai

　　 Anu self's son for   girl   look PROG be-PRS.

　　 Vo #us-kaai swabhaav jaannaa caahtii   hai.

　　 She she-GEN nature   to-know want-IMP be-PRS.

　　 Anu is girl-looking for her son. She wants to know #her temperament.

　　 （Anu正在给儿子相亲。#她想了解下她的性格如何。）

(Dayal，2011：112)

其次,PNI一般仅会出现在固定搭配中,即平时常见的、较容易理解的动词短语中。如(13)a中的"kobte hus"(买房)是一个常见搭配,而(13)b中的"kobte blyant"(买铅笔)却不是,所以只有前者可以进行PNI。

(13)丹麦语(Asudeh & Mikkelsen,2000:2):

    a. Min nabo   kobte hus sidste ar

       My neighbour bought house last year

       My neighbour did house-buying last year.(我邻居去年买房了。)

    b. #Min nabo   kobte blyant igar

       my neighbour bought pencil yesterday

最后,PNI短语中的名词前如果要插入形容词修饰语,也必须遵循常见搭配的原则,如(14)所示,"旧书"可以,"重书"却不行。

(14)印地语(Dayal,2011:136):

    anu sirf puraanii/#bhaarri kitaab becegii

    Anu only old   heavy book sell

    Anu will only sell old/#heavy books.(Anu 只会卖旧书/*重书。)

PNI的特征全部可以归因于其句法特征,即跟随动词提升的成分是一个名词短语NP而非DP。NP中不含限定性成分,因此不具有指代性。另外,NP中也不含数量词成分,却可以包含作为嫁接语出现的形容词修饰语。但作为动词语义的补充,PNI短语中的名词必须跟动词形成常用搭配,才能使最终的复合语义可以被人理解。

前文提到,汉语完整体句尾"了"现象也表现出与PNI相同的特征,由此可知PNI可以指导相关句式的研究。例如,这类句子中宾语无法接受代词回指,可以看出这里的宾语名词也不指代具体事物,如(15)所示。

(15)张三ᵢ昨晚杀人ⱼ了,他ᵢ/*ⱼ是个老师。

在(15)所示的"VO-了"结构中,"他"就只能指张三,而不能指被杀的人。由此可知,(15)中的"人"只是类指,是"杀"的补充,"杀人"泛指将人杀死的行为。

同时,完整体"VO-了"结构同样只用于常用搭配。例如,(16)a中的"杀人"是合理搭配,但(16)b中的"杀猫了"不是很容易被接受。这是因为"杀人"是恶性犯罪活动,在日常应用中经常出现,不需要语境支持即可理解,但"杀猫"就不是有特定意义的活动。

(16)a. 张三昨晚杀人了。

　　b. ?? 张三昨晚杀猫了。

另外,在完整体"VO-了"结构中名词前的修饰语也有严格限制,可以跟名词形成固定搭配的形容词修饰语可以插入 V 和 O 之间,但不常见的搭配和数量词一般就不能出现,如(17)a、(17)b。

(17)a. 张三昨晚喝红酒了。

　　b. ?? 张三昨晚喝名贵的/一瓶酒了。

总之,以上这些特性与 Van Geenhoven(1998)及 Espinal & McNally(2011)中总结的 PNI 特征完全一致,因此有理由认为完整体"VO-了"结构受到了 PNI 的影响,而其余理论均不足以解释名词在此处受到的限制。另外,如(11)所示,PNI 伴随的是短语移位而非传统动名融合操作产生的中心语移位,这在解释一些汉语独有的现象时也有很大优势,具体细节将在第 6.3 节中讨论。但汉语不像纽埃语一般具有常规性的 VP 提升,PNI 的作用仅仅是将动词与宾语连接,驱使 VP 提升的动因在于其他方面。这涉及词尾"了"相关句式的句法结构,具体情况我们将在下一节中讨论。

6.3　完整体句尾"了"的生成路径

如前几节所述,本章将用 PNI 解释类似(18)a 和(18)b 的完整体句尾"了"句子的生成。需要注意的是,(18)a 和(18)b 均有完整体事件和非完整体习惯两种解读。基于 PNI 的分析仅适用于前者,而导致非完整体习惯解读的才是真正的句尾"了"。

(18)a. 张三喝酒了。

　　b. 张三买房了。

本章认为(18)a、(18)b 中所含的"了"在完成性解读下,其实是通常出现在词尾的完整体标记"了"出现在了句末位置。按照前文所建立的词尾"了"句法框架,宾语并非直接被动词选择,而是合并于内时体标示词位置。此时内时体中心词由"了"占据,因此这里的宾语被解读为衡量整个事件的体量。这就是说,当"了"占据内时体中心语位置时,[Spec, Asp_QP]不能为空,因为需要一个确定的标准衡量事件体量。当宾语本身是量化名词时,宾语本身可以作为体量标准。但当宾语不具有指代性,仅作类指时,宾语名词就无法用来衡量事件体量。这种情况下,本章认为宾语名词是作为动词补语并入结构,变成一类固定含义的事件,然后在 PNI 的影响下整个动词短语 VP 提升至[Spec, Asp$_Q$P],充作体量标准,由此生成了体标记"了"位于宾语之后却具有完整体解读的句子,如(19)所示。[①]

(19)

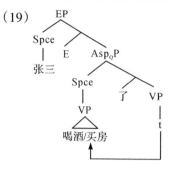

(19)中 VP 作为一个独立事件变成 Asp$_Q$P 要求的度量标准,因此不再具有扮演施动角色(agent)的外论元,也没有与其相对的轻动词投射 vP。主语"张三"实际是一个概念更加宽泛的始动者(originator)。Borer(2010)认为这一角色可以由更上层的结构 EP 或 TP 赋予,而至少在英语、汉语等语言中动词一般不会提升到其中心词E 或 T 的位置。(19)中动词没有进行[V-v]提升,因此也没有将"了"一起带入轻动词v 的位置,使得最终语序中动词和宾语均位于"了"之前。但此时的"了"仍起完整体标记的语法功能。需要注意的是,在 Massam(2001)的分析中,VP 始终需要提升至[Spec, TP]位置,而宾语只有是不需要格位的 NP 时才会随 VP 一起提升。但在本章的分析中,汉语 VP 提升不是必要的操作,是因为宾语无法作为事件体量标准时 VP才会提升。

这里需要解释的一个问题是,为何 SVO 语序下动词会发生中心语移位到"了"的位置,而(19)中却不需要。在本章的分析中,词尾"了"占据的 Asp$_Q$P 中心语位置并没有强制要求动词提升。动词移位的根本原因是动词需要提升到轻动词 v 的位置。而 Travis(1984)提出,一个中心语移位时只能向邻近的中心语位置逐步移动,不可以跳过中途路经的任何中心语位置,这叫作中心语移位限制(head movement constraint)。因此,这里动词必须先移动到"了"处,再带着"了"一起提升,可以说是两个独立的句法要求间接造成了 V-Asp$_Q$ 的移位。而自 Larson(1988)提出 VP-壳理

[①] 根据 Borer(2005a, 2010)等的观点,[Spec, Asp$_Q$]的位置只是需要解读为度量事件的标准,并没有规定哪些词类可以占据此位置。Borer 认为英语中表达结果的小词(如 take over 里的 over)就可以占据这一位置,从而在缺少宾语的情况下给事件一个终结性解读。而在希伯来语中,[Spec, Asp$_Q$]的位置甚至可以由地点状语占据,表达"存在限定"的含义。因此,本章认为 VP同样可以出现在[Spec, Asp$_Q$],以充作度量标准。

论以来,动词到轻动词[V-v]的移动动因一直都有争议。现阶段理论一般认为这一移动不是受特征核查的原因驱动,因为v和V之间本就不是基于句法上的选择性特征(selectional feature)引发的合并,而是投射层级(hierarchy of projection)的要求(Adger, 2003)。[V-v]移动原则上是为了满足语音或形态学上的要求,所以在法语等存在显性轻动词的语言中,[V-v]移动是强制的,因为这些语言的轻动词一般是不能独立存在的附着词。而在汉语、英语这种没有可见的轻动词的语言中,语音和形态学层面的筛查不会起作用,所以原则上[V-v]移动不是必需的。(19)中不存在轻动词投射vP,动词的提升动因便不存在,也就不会移动到"了"处。

6.4　PNI与NI的优势对比

传统研究中针对动词和名词复合的操作大多是一种形态学层面的描述。但在句法上,想要合并语类有多种方式。传统描述的动名复合更加贴近句法上的NI。而NI基于的句法操作是中心语移位,这与PNI的短语移位有许多不同,继而产生了不同后果。此外,NI既然涉及移位,那么就同样具有影响语序的效果,因此NI也是完整体句尾"了"的一种可能解释。本节将会讨论为什么造成完整体"VO-了"结构的应该是PNI而非NI。为此,我们首先需要看看NI在句法操作上的例子。

(20)马普切语(Baker, 2009:149):

    a. Ni chao　kintu-le-y　　　　　ta-chi　　pu　　waka. 语序:主谓—(屈折)—宾

    My father seek-PROG-IND　the-ADJ COLL cow.

    My father is looking for the cows.(我父亲正在寻找那些奶牛。)

    b. Ni chao　kintu-waka-le-y.　　　　　　　　　语序:主谓宾—(屈折)

    My father seek-cow-PROG-IND.3sS

    My father is looking for the cows.(我父亲正在寻找那些奶牛。)

Baker(2009)认为(20)b是由(20)a变化得来的,而引起这一现象的就是NI。具体来说,名词从动词补语位置经由中心词移位并入了动词V的位置,合并的结果仍是一个动词中心语V,而非动词短语VP,如(21)所示。

(21)

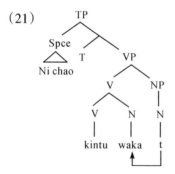

　　表面上看,这一分析同样适用于汉语"VO-了"结构。比如,宾语名词"酒"可以并入动词"喝"形成复合动词"喝酒"。由于"喝酒"是VP的中心语V,所以同样可以进行[V-v]提升,经过AspP时将"了"一起带入轻动词v的位置,同样可以获得"VO-了"的语序。

(22)a.

b.

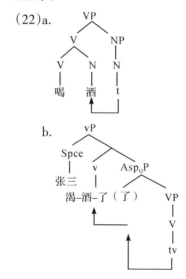

　　然而,有证据表明(22)a和(22)b所示的NI和中心语提升的操作不是造成完整体"VO-了"结构的原因。首先,"VO-了"结构中动词和名词间可以插入补语,如(23)a、(23)b所示。

(23)a. 李四吃完饭了。

　　b. 李四打死人了。

　　在(23)a、(23)b中,"完"和"死"作为结果补语必须紧跟在动词之后。Sybesma(1997,1999)认为这是由于汉语中结果补语必须从AP中心语位置移位到动词V的位置并与之合并形成复合动词[V-A],然后[V-A]进一步提升至"了"之上,因此最终语序里结果补语总在"了"之前。然而,如果生成"VO-了"结构的过程如此所述,那么结果补语并入动词的步骤就会阻止名词进一步合并,因为通常来说一个中心语位置只允许一次合并操作,如(24)所示。

(24)

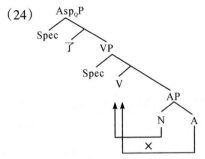

(24)预示着动结式不应该出现在"VO-了"语序中。但这明显与事实相悖,(23)a、(23)b所示的句子是成立的。由此可以证明NI的分析不适用于汉语"VO-了"结构。而基于PNI的分析就不会遇到这一问题。因为将动词和宾语置于"了"之前的操作是VP提升而非中心语移位,名词不需要真正跟动词合并,所以在V的位置只会发生一次合并,即动词跟结果补语。

其次,另一个不利于NI的证据也与中心语移位有关。如果名词需要并入动词并进行中心语移位,那么名词只能合并于动词之下的位置,而中心语移位的落点只能是中心语,这意味着[Spec,Asp_QP]这个位置将会留空。理论上可以有另一个宾语名词在[Spec,Asp_QP]合并,形成双宾语结构。因此,如果NI的分析成立,那么原则上可以出现类似(25)的句子。但事实上这样的句子明显是不成立的。

(25)a. *张三送礼了李四。

b. *

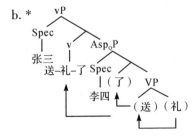

在这个问题上,PNI相对NI分析同样具有优势,因为在PNI分析中VP移位的落点就是[Spec,Asp_QP],这会阻止另外的NI在这个位置,产生如(25)这样不合法的语句。以上两点可以证明,PNI对汉语完整体"VO-了"结构的分析有很高的契合性。

最后,需要注意的是,上文提到句尾"了"标记完整体时宾语一般受限,但也有例外情况。当一个较为复杂的宾语用在复合句中时,句子仍有可能成立,如(26)a、(26)b所示。

(26)a. 昨天我去你上次提到的那所学校了,但没有看到你说的那个大门。

b. 刚才参观的时候,他给你们介绍我们实验室新制定的五大规定了吗?

但这里的用法与一般的词尾"了"仍有不同。当宾语复杂程度下降且用于简单句时,可接受程度大幅下降,如(27)a。另外,这一用法仅适用于定指性宾语,不包括非定指宾语,如(27)b所示。

(27)a. ?? 我去那所学校了。

b. *张三给他们介绍我们实验室新制定的五条规定了。

(27)a中重读"那所"可提高句子接受度,但非强调语气下一般不可接受。(27)b在"五条"做强解读,即只有五条规定时可以接受,但在非定指时不行。这说明完整体句尾"了"可能还受到语用方面的限制,PNI无法直接解释这一现象,需要留待以后研究。

6.5　本章小结

本章借助PNI的概念对汉语中完整体"VO-了"提出了一种新的分析方式。为了不使一个功能标记同时具有两种互斥的语法功能,本章认为汉语中词尾"了"和句尾"了"的划分应当基于其句法功能而非语序位置。词尾"了"是完整体标记,而句尾"了"跟完整体无关。因此,完整体"VO-了"结构中的"了"应当也是通常出现在词尾的完整体标记"了"。这种情况下"了"之所以出现在宾语之后,是因为动词和宾语名词受到PNI的影响,所形成的VP提升到了内时体标示词位置。这一句法操作的动因是非量化名词不足以成为"了"代表的量化事件的体量标准。

完整体"VO-了"表现出PNI短语的典型特征,如宾语名词不具有指代性,只有跟动词形成特定含义的事件时才能出现,并且排斥非固定搭配的形容词和数量词修饰语。同时,基于PNI的分析比基于NI的分析更加合理,因为后者会生成一些明显不合法的句子。

本章的分析如果成立,就会对汉语中两种"了"的划分提供更科学的依据,也会为句尾"了"语法功能的探讨排除重要的干扰。

7

双『了』结构

汉语界对于词尾"了"和句尾"了"各自的性质时有争论,但对于两种"了"共现一句的情况少有提及,一般是默认此时就是两种"了"各自发挥功能。但这涉及对两种"了"功能的严格界定,而非仅仅依赖位置关系对"了"进行划分。另外,这种想法也忽视了某些语境下双"了"共现的必要性。无论"了"处于动词末还是句子末,本书第6章已经将所有能够造成完整体解读的"了"统一划归为词尾"了"。因此,有必要重新讨论剩下的句尾"了"的功能,以及双"了"同时使用时想要传递的语义。

本章认为,汉语双"了"结构是一种用于表达现时相关性的句式,而所谓现时相关性本质是指在会话时间强调事件完成的事实所引发的解读。现时相关性的模糊性来自强调结构对语境的依赖性。因此,句法上现时相关性也是由两个部分组成:一是完整体,二是焦点标记。这在英语中分别由过去分词和have承担,在汉语中则为双"了"结构,即同时含两个"了"的句子,如(1)a、(1)b所示。

(1)a. Mary has eaten two apples.

b. 李四吃了两个苹果了。

在下文中,本章会首先回顾关于汉语中与句尾"了"相关的研究,借此明确句尾"了"的语义和功能。然后从对比的角度研究英语完成态,并在之后讨论焦点标记和完整体如何实现现时相关性的解读,最后借此解释双"了"结构和完成态在用法上产生相似限制的原因。

7.1 句尾"了"的强调意义

相对于词尾"了",汉语界关于句尾"了"的观点分歧向来较大,只能笼统地说与话语功能相关(Li & Thompson,1981;金立鑫,2003;Soh,2009)。但由此而来的问题是句尾"了"在句法上的功能和地位。句尾"了"的句法意义在过往研究中比较模糊,以便尽可能多地涵盖其广泛的分布情况。但从句法的角度看,功能语类在句法框架中的位置一般是固定的,其对应的功能也不会随语境而改变。因此,句尾"了"在句法上必然存在一个核心功能,且与其灵活的分布并不冲突。

Li & Thompson(1981:244−288)认为句尾"了"的核心功能是"现时相关性"。他们由此总结出了五种常见的解读,即状态改变、纠正错觉、报告进展、引出下文、结束陈述,分别对应(2)a—(2)e中的例句。

(2)a. 他知道那个消息了。(状态改变)

　　b. 这已经不算贵了。(纠正错觉)

　　c. 张三已经吃了三个苹果了。(报告进展)

　　d. 车要来了。(引出下文)

　　e. 学费太贵了。(结束陈述)

　　显然,如此具体的语义内涵不可能是一个纯功能词项应有的,因此这五种解读只能说是含句尾"了"的句子整体的语义归纳。而所谓"现时相关性"也是一个比较模糊的概念,缺乏精确的定义。不过,(2)a—(2)e涉及静态、动态、完成、将来等不同的情境,每一个都可以与句尾"了"结合,这本身就说明了一定问题。借助类型学的多功能模式视角,陈前瑞、胡亚(2016)也认为句尾"了"兼有三种用法:完整体、完结体及现在状态功能。但实际上正如Zhang(2000)所指出的,既然句尾"了"可以兼容各种时体,那么其本身应该跟时体并不直接相关。

　　金立鑫、于秀金(2013)认为句尾"了"表达的是新情况的起始,由此引申出了"新闻—报道"的解读,从而具有了某种话语标记功能。他们认为像(3)b这样的句子仅仅是独立事件的客观陈述,而作为强调新情况的现场报道,只能用(3)a这样的句子。

　　(3)a. 李四到达河边了,他脱鞋了,他下水了,他过河了。

　　　b. 李四到达了河边,他脱了鞋,他下了水,他过了河。

　　但事实上,(3)a中的情况一般被认为是旧信息。听话者事先已知李四要过河,所以"到河边""脱鞋""下水""过河"等就成了可以预料的动作。所谓"新闻—报道"的语感正出自对这些预料之中事件的逐步实现。而且从句法上看,(3)a中的句子拿掉句尾"了"便不合语法,这也不符合句尾"了"是新情况起始的观点。因为金立鑫、于秀金(2013)认为这里的起始的新情况是前述事件的完成状态,但"到河边""脱鞋"等事件没有"了"就没有完成义,完成状态的起始也就无从谈起。这一问题同样存在于Soh(2009)和Erlewine(2017)对于句尾"了"语义的归纳。他们认为句尾"了"是一个预设(presupposition)标记,其功能是强调当前状态和过去状态的对比。

　　(4)句尾"了"的语法功能:对于命题P

　　　强调P=1,且

　　　预设:$\exists t[t<st \wedge P'=0]$

(Erlewine,2017:46)

根据(5)中的定义,"他知道了"预设的情况是"此前他不知道","车要来了"预设了"此前车还没有要来(的迹象)"。但这很难解释(2)b和(2)e中的用法,因为在此之前价格未必贵,学费也不一定便宜。另外,在(3)a中,如果少了"了",被强调的命题P就不可能是完整体解读。因此,这种仅句尾有"了"却又有完整体解读的句子并非典型的句尾"了"用法。这里的宾语后的"了"实为作完整体标记的词尾"了"。动词和宾语经历PNI后作为完整VP提升到了内时体指示词位置。这在第6.3节中已有讨论,在此不再赘述。

但事实上,"对比强调"这一功能其实很好地概括了句尾"了"的语法作用,只是必须厘清对比的情境究竟是什么。刘勋宁(2002)就曾指出,在(2)a、(2)c、(2)d这样的句子中,"了"表示新情况与旧情况的对比,而在(2)b、(2)e这种句子中,"了"表示的是与标准程度的对比。(2)b的比较对象是听话者错觉中的标准程度,(2)e则是说话者自己主观预设的标准程度。这很好地总结了句尾"了"的特性,只是对于这样的"对比"义如何在句法上实现没有进一步讨论。本章赞同刘勋宁的观点,认为句尾"了"本质上是一个焦点标记,通过对预设的情境/状态进行对比强调当下状况。其句法地位和功能详见第7.3节。

7.2　跨语言对比:英语完成态

英语研究对于perfective和perfect两个不同的术语一向有较为明确的区分。前者是"视点体"的一种;后者则特指句法上的一种复杂结构,一般由助动词do和动词的过去分词组成。本章将前者称作"完整体",将后者称作"完成态"。关于完成态的语法功能,"现实相关性"仍是最常见的说法(McCoard,1978;Moens,1987;Lindstedt,2000)。但对于现时相关性的来源则有不同的观点。

自Comrie(1976)将英语里完成态的语义功能总结为"现时相关性"(present relevance),很多语言学者都试图将这一概念扩展到其他语言中。例如,Li & Thompson(1981:240)就认为汉语里句子末尾的"了"的核心功能即为"现时相关性"(current relevance)。两者原文术语的微妙差异体现了定义的不同。根据Comrie(1976:52)的说法,现时相关性指的是过去发生的事件与会话时间的状态有某种相关性,因此present实际上与past相对。而Li & Thompson(1981)提出的current relevance仅指会话内容与现时情境相关,并不强调"过去发生"。

不过,两者的定义都存在一个问题,就是所谓的现时相关性仅仅是对语义解读的一种概括,无法精确描述何为"与现实情境相关"。从语用角度来看,会话中说出的话语必定与当前话题相关,甚至在表面无关时都会被听者默认为相关,从而引发会话隐含义(Levinson,2000)。因此,现时相关性作为一个语法功能不够精确。而这种模糊性为句法推导也带来了问题,这是因为很难解释这样的相关性在句法结构中是如何体现的。而且,英语中完成态本身是由完整体和助动词have联合构成的复杂结构,很难想象两个不相关的句法位置共现是为实现一个不可拆分的单一功能。

Parsons(1990)认为完成态强调的是完成状态的延续性,因此(5)a的语义实际应该表述为(5)b。

(5)a. Mary has eaten the apple.

b. $\exists e \exists x(eat(e) \wedge Agent(e,Mary) \wedge Theme(e,x) \wedge apple(x) \wedge Hold(R\text{-}state(e),S))$

(5)b的关键之处在于强调事件e的结束状态(R-state)在会话时间点(S)依然存续(Hold)。换句话说,完成态的焦点在于状态,而非事件本身。例如,(5)a中"苹果以被吃的方式消失"就是Mary吃那个苹果这一事件的结束状态,所以强调在当前时间点"已被吃掉"这个状态依然存在就是完成态的功能。然而与此同时,将结束状态和目标状态区分清楚也是必要的一步。例如,在(6)传递的事件中,Parsons(1990)把"球在房顶上"作为这一事件的目标状态,所以如果球被某人从房顶上拿下来,这一目标状态也就不再存在了。与此相对,"John把球扔到了房顶上"这个事件的完成本身就是此句蕴含的结束状态。换句话说,一旦这个事件已经完成,那么此处的结束状态就会一直存在,永不结束,即使球后来不在房顶上了也不会改变。

(6)John has thrown a ball on the roof.

为了使分析能够兼容非终结性事件下的情况,把结束状态和目标状态区分开是必然的要求。例如,(7)中的非终结性事件并不存在明确的语义结束点,所以按照上文定义也就没有一个明确的结果状态,但是完成态结构仍然与非终结性事件兼容。Moens(1987)对此给予的解释是这里的事件会被强制性赋予一个符合语境的终结性解读。例如,听话者会把(7)中的事件解读成院长本就计划在花园进行某项工作,而且下一项工作只有在该工作完结后才能进行。

(7)Dean has worked in the garden.

如果我们采用Parsons(1990)的分析,那么Moens(1987)的解释方案就是非必要的。因为Parsons(1990)指出完成态强调的是结束状态而非结果状态,所以即便是没有语义结束点的非终结性事件,也可以具有外部观察上的结束点,也就是结束状态。

完成态表现在句法上的部分限制似乎也为Parsons(1990)的分析提供了支持。Michaelis(1994)和Mittwoch(2008)均曾提到,完成态与一般过去时有一个很大的不同,就是如果没有特殊语境的支持,就无法跟地点和方式状语在同一句话中出现,除非动词具有[PUT]这一语义特征,如(8)、(9)所示。

(8)a. John closed the window quickly.

   b. John has closed the window (??quickly).

(9)a. John peeled three potatoes in the garden.

   b. John has peeled three potatoes (??in the garden).

   c. John has put three potatoes in the bucket.

(Mittwoch,2008:329-330)

在Mittwoch(2008)的解释中,完成态应该由两个部分组成:事件本身和其结果状态。事件本身可以被地点和方式状语修饰,但结果状态不能被这些成分修饰。以具体例子分析,(8)b中的"quickly"和(9)b中的"in the garden"都只能修饰事件发生的过程,不适用于最终产生的静止状态。但"土豆"在(9)c中的事件发生后一直所处的位置就是in the bucket,所以产生了合法的语句。与之相对,事件的一般过去时只包含一个动态的过程,没有囊括作为结果的静止状态,因此不受限制。这一句法表现与Parsons(1990)的分析预测如出一辙,似乎证明完成态结构确实应该包含一个持续存在的结束状态。

不过,Parsons(1990)与Mittwoch(2008)的分析并非完全没有可以质疑之处。

第一,他们的分析要求性质上截然相反的动态事件和静止状态都是由完成态下的谓词结构直接表达,这是十分矛盾的。完成态包含静止的结束状态这点在其句法表现上也很难找到证据证明。

第二,结束状态永久存续、不可取消这点也并非没有反例可寻。比如,Giorgi & Pianesi(1997)提到,如果在类似(10)描述的情景里,Sam因为服用兴奋剂而在事后被取消成绩,这样的话"赢得赛跑"这一结束状态自然也就不能存在。

(10)On Wednesday Sam had won the race.

第三,只要有适合的语境,完成态下的谓词结构其实也可以被地点和方式状语修饰。例如,在(8)描述的情景中,假设这里的窗户连接机关,可以打开通往密室的门,而只有先快速关上窗户,再重新打开,然后再缓慢关上,方能启动机关。调查过的大多数英语母语者都赞同,这种情景下(11)所示的句子是完全可以成立的。

(11)John has closed the window quickly.

(11)的隐含义就是John已经完成了一半的步骤,只需再缓慢关上窗户就能启动机关。同理,如(9)b这种包含地点状语的句子在类似的语境下也能成立,如John本来就打算在花园里削三个土豆,然后去厨房里再削三个。无论如何,这都表明结束状态不能兼容状语修饰词这种分析可能有一些问题,因为两者之间的兼容性不应该受到语境的影响。

与上述从句法语义角度做出的努力不同,Nishiyama & Koenig(2004)提出了一种纯粹基于语用层面的解释。他们的做法是将会话情景与完成态的欲表达义联系起来。这里使用的语用推理机制主要遵循Levinson(2000)提出的I原则,即在语境信息相对完善时,说话者倾向于使用更简单的方式传递含义,同时听话者会默认说话者传递的内容与语境信息相关,从而自动补充表面上缺失的信息。举例来说,(12)a中的完成态句子是说话者实际构建的,但(12)b中的隐含义则是听话者联系语境后自行推断的。而根据语境的不同,补全的隐含义自然也不同。

(12)a. John has broken his leg.

　　b. John is behind his work.

(Nishiyama & Koenig,2004:896)

前文提到有关结束状态的三点问题在这一分析中都不存在。这是由于完成态中包含结束状态这一基础假设并不存在于Nishiyama & Koenig(2004)的分析中,因此也无须证明是否真的存在这种静止状态。同时,也可以用语境改变使得会话隐含义也随之改变来解释结束状态可以被取消和修饰词兼容性的问题。但与"现时相关性"的模糊定义一样,这种纯粹的语用分析中完成态的作用明显解读过于灵活,很难借此精确定位完成态的语义功能。

Ramchand(2018)在此基础上提出了一种组合式分析的方案。她认为英语完成态结构包含两个事态:S0和S'。完整体视点下的事件由S0表达。S'的功能则是强调事件在会话时间点下的结果状态。过去分词形态的动词就是在句法上实现S0的方式,而助动词have则负责引入S',如(13)所示。

(13) HAVEP（S'：结果状态）

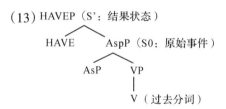

HAVE　　　AspP（S0：原始事件）

AsP　　VP

V（过去分词）

（改编自 Ramchand, 2018：126-127）

S'的出现还有一个要求，即S'必须证明S0的存在。为了说明这一点，Ramchand（2018）设想了一个场景，在木屋中有两个打猎归来的猎人正在对话，具体如下：

(14)(Back at the Cabin)

A：How did you find the wounded deer?

B1：The poor animal left bloody tracks in the snow.

B2：??The poor animal has left bloody tracks in the snow.

（Ramchand, 2018：123）

B2这个完成态语句不适合用来回答A提出的问题。只有猎人们仍在树林中的时候，类似B2这样的完成态语句才能够使用，如(15)所示。

(15)(Out in the Woods)

A：How will we find the deer?

B：No problem. Fortunately, it has left tracks in the snow.

（Ramchand, 2018：123）

Ramchand（2018）认为，正是由于结果状态必须为事件本身的发生提供佐证，B2的话在(14)中才显得不那么合适。鹿留下了血迹这一状态只能佐证鹿已经受伤这样的事件，只是这一信息已经包含在A的问题中了。因此，使用完成态作为回答并不能给出需要的信息，反而是作为事实陈述直接使用一般过去时可以满足要求。另外，猎人们在(15)描述的场景中还没有找到鹿，不知道鹿已经受伤，所以使用完成态正好强调留下血迹的状态为受伤这一推断提供证明。

某种程度上，Parsons（1990）和Ramchand（2018）分别构建了完成态在语义和句法上的定义。两者的共同出发点就是完成态是静止的状态。在过往研究中，为了证明完成态表达的是静止状态而非动态事件，Katz（2003：207-215）曾提出一系列检测手段：第一，在一般现在时下，静态动词可以维持状态解读，而动态事件只能得出习惯义，如(16)a；第二，静态词可以用在 turn out 后的结构中，而动态词不可以，如(16)b；第三，静态词前的情态词 must 可以有认识和道义两种解读，而动态词前的 must 只能是道义解读,如(16)c;第四,强调施事性(agentivity)的副词 intentionally 只能修饰动态词,不能修饰静态词,如(16)d;第五,当以 and 并列时,静态词描述的可以是同步出现的状态,而动态词表达的只能是按先后顺序发生的事件,如(17)a、(17)b。

(16)a. John loves(状态)/kisses(习惯)Mary.

　　b. John turned out to love(静)/*kiss(动)Mary.

　　c. John must(认识/道义)love/ must(道义)kiss Mary.

　　d. John intentionally kissed(动)/??loves(静)Mary.

(17)a. John woke up. The sky was clear and the washing was on the line.(同步状态)

　　b. John woke up. The sky cleared and he put the wash out to dry.(顺序事件)

Katz(2003)将完成态带入这些测试,发现完成态与静态词表现一致,如(18)a—(18)e,从而得出了完成态表达静止状态的结论。

(18)a. John has written a novel.(非习惯义)

　　b. John turned out to have written a novel.

　　c. The sky was clear. Mary had left quietly.(同步状态)

　　d. John must have written a novel.(认识)

　　e. ??John intentionally has kissed Mary.

然而,这一系列的测试并非完美。最大的一个问题就是进行体在测试中也与静态词表现出了相同的特性,如(19)a—(19)e。进行体一般都具有明确的动态事件解读,而且其一大特性就是不与静态词兼容,如(20)所示。因此,可以说(16)、(17)和(19)中的测试给出了自相矛盾的结果。由此可见,Katz(2003)提出的测试只能用于动词本身语义,不适用于带有时体标记的结构。当前尚无明确证据表明完成态表达的是静止状态。

(19)a. John is writing a novel.(非习惯义)

　　b. John turned out to be writing a novel.

　　c. The sky was clear. Mary was running.(同步状态)

　　d. John must be writing a novel.(认识)

　　e. ??John intentionally is kissing Mary.

(20)??John is loving Mary.

　　事实上,Parsons(1990)和Ramchand(2018)对于英语完成态的分析与刘勋宁(2002)对汉语句尾"了"的观点十分接近,本质上都是借助事态之间的对比表达强调功能,而且两者同时构想了一个相似的二元模型:一是表事态本身的谓词结构,提供了需要强调的命题P;二是一个纯功能性成分,在事态本身的基础上附加对比强调的含义。而要实现这一功能其实并不需要假设存在一个句法语义上可见的"结果状态",依靠强调结构本身的解读方式即可实现。

　　英语完成态的现时相关性多体现在与一般过去时的对比上。例如,(21)中对于A的提议,B通常应以完成态作答,而用一般过去时就不太适合。因为既然没有用Yes/No正面接受或拒绝提议,B就必须强调过去吃了三个苹果与当下情况的关联。

　　(21)A:Have some more apples.

　　　　B:I have eaten three. / #I ate three.

　　抛开用法不谈,完成态与一般过去时的最大区别就在于过去时虽然可以出现在动词、助动词、系动词等一系列位置上,但在单独一个句子中却只会选取一个位置,而完成态在形态学上却总是涉及两个位置的变化,且绑定了助动词have。从这一点上看,完成态很有可能是两个语法功能的组合。因此,本章认为组成英语完成态功能的分别是焦点和完整体两个部分。助动词have在这里的作用是焦点标记,而过去分词状态下的谓词短语则描述了一个完整体事件。二者结合用于强调事件已经完成的事实,如(22)所示。

　　(22)$[_{TP} \, have_i + T \, [_{FocP} \, t_i (焦点) \, [_{AspP} Perf.\text{-}en (完整体) \, [_{VP} (事件/状态)]]]]$

　　根据这一分析,完成态的功能就是在特定时点(TP)下强调事件已经完成。听话者会根据语境自行解读强调事件完成与当前话题的关联,从而引发"现时相关性"。例如,(21)中B的回答强调自己当前完成了吃三个苹果这件事,因此可以理解为B不想再吃了。这一过程不涉及Parsons(1990)和Ramchand(2018)等提到的"结果状态",因此也无须证明完成态是表达静止状态的语法结构。这里有三条证据证明这种强调结构的分析。首先,本章认为英语中完整体仅用于完成态中,除此之外这一形态不会单独使用。一般过去时和完整体最大的区别在于,前者不一定包含事件的结束点,表达的含义只是事件在会话时间点之前发生。但正如(23)a、(23)b的对比所示,完成态明确包含事件已经告一段落的解读。因此,即使Mary当前同样在跑步,也不可能与完成态中描述的跑步是同一个事件,只能解读成两个独立发生的事件。而在一般过去时下,进行体的跑步事件可以理解成是对过去跑步的延续。这一点证明完成态中应该包含了完成体视点。

(23)a. Mary has run, (#and she is still running).

b. Mary ran, (and she is still running).

其次,上文(8)、(9)提到,完成态在没有特殊语境的支持下一般无法与方式和地点副词共现。这与一般过去时明显不同,唯一例外的情况就是地点词实为谓词结构要求的论元。假如助动词have是一种焦点算子,那么作为其辖域中的成分状语修饰词承载的解读只有两种可能:要么是焦点地位,要么是背景地位。一般来说,焦点地位的解读都是建立在与潜在可能性的对比之上。因此,如果状语修饰词是焦点,那么句子强调的就是事件是在特定的地点(或是以特定的方式)完成的,而非在其他地点以其他方式完成的。例如,与(8)b构成对比的可能性就(可以)是John closed the window slowly,而(9)b对比的潜在情况是John peeled the potatoes in the kitchen。另外,如果状语修饰词是背景信息,就意味着其包含的信息属于在语境中出现过的旧信息,又或是某些得到双方默认的已知信息。不过,不管是焦点还是背景,想要使得在特定的地点,以特定的方式完成事件具有特殊意义,都必须要有一个特定的语境。因此,假如没有这种特别的语境支持,完成态中就不能出现状语修饰词。唯一的例外就是(9)c那种情况,主要是因为表达地点的介词短语in the bucket事实上是动词put不可或缺的论元,与状语修饰词的嫁接语地位完全不同,而是属于事件的参与者,所以即使没有特殊的语境也可用在完成态中。

最后,除了上面的例子,完成态的焦点分析还可以在涉及多个量化词的辖域问题中寻找证据。英语中类似(24)的句子一般来说都有歧义,这是因为对于名词短语的辖域大小可以有不同解读。如果相对于被存在量化的宾语,被全称量化的主语辖域更大的话,就可以得出"每个男孩各自看了一部(不同的)电影"这样的解读。如果是存在量化词辖域更大的话,就可以解读成"有(同样的)一部电影每一个男孩都看了"。但需要注意的是,这种歧义并不存在于完成态句子中。对于受访的大多数英语母语者,(25)只有一种解读,就是全称量词辖域更大的解读。(26)a、(26)b的对比可以证明这一点。在(26)b中,宾语a movie无法与Avatar同指,说明存在量词在此时的辖域较小。过去对于完成态的分析都不能很好地解释这一现象。

(24)Every boy watched a movie.(辖域:∀>∃或∃>∀)

(25)Every boy has watched a movie.(辖域:∀>∃)

（26）a. Every boy watched a movie, namely Avatar.

b. Every boy has watched a movie, (#namely Avatar).

想要对此做出解释必须用到一个概念:焦点干涉效应(focus intervention effect)。这一现象有时也被称作"贝克效应"(Beck's Effect),是指多个焦点算子和对应的焦点词在结构位置上不能相互穿插的现象(Beck,1996;Beck & Kim,1997;Li & Law,2016;等等)。在wh-原位(wh-in-situ)语言中这一现象尤其明显,如(27)、(28)所示。

（27）韩语(Beck & Kim,1997:370):

a. *Minsu-man nuku-lul po-ass-ni?

Minsu-only who-ACC see-Past-Q.

Intended reading:Who did only Minsu see?

b. Nuku-luli   Minsu-man po-ass-ni?

Who-ACC Minsu-only see-Past-Q.

Who did only minus see.

（28）日语(Tanaka,2003:315):

a. *Dare-mo nani-o   kawa-nakatta-no?

Anybody what-ACC buy-NEG.PAST-Q.

Intended reading:Nobody buys what?

b. Nani-o   dare-mo ti kawa-nakatta-no?

What-ACC anbody   buy-NEG.PAST-Q

Nobody buys what?

wh疑问词在韩语和日语疑问句中一般不需要前置,这一点与汉语相似。但(27)所示的情况就是例外。此时句子包含焦点算子-man,所以wh疑问词必须前移,否则就会产生不合语法的句子。日语例句展示的也是一样的情况,如(28),只是Dare-mo成了这里的焦点算子。Beck(1996)因此把这种现象称为"焦点干涉效应",具体定义如(29)、(30)所示。同时,Beck(2006)认为主要有两种成分可以作为算子引起干涉效应,如(31)a、(31)b所示。

（29）焦点干涉效应(贝克效应):

焦点算子和其约束的短语之间不能存在另一个焦点算子。

（30）*[约束算子ᵢ[…[焦点算子[…焦点短语ᵢ…]]]]

(31)a. 名词量化短语：only、even、also、not、every、no、most、few等。

     b. 副词量化短语：always、often、never等。

借助这一概念，本章提出完成态在多重量化词存在的情况下没有歧义的现象应该归因于焦点干涉效应。类似(24)的句子会产生歧义的原因在于句法中有量词提升(quantifier raising)这一操作：处于下层句法结构的量词可以在逻辑式层面提升到原本更高的量词之上，从而获得更大的辖域(May,1977,1985)。但移位留下的语迹(trace)必须被提升之后的量词约束，这一点即使是在逻辑式里也一样。然而，量词提升后，具有焦点算子功能的助动词has刚好位于量词和语迹之间，从而引起了焦点干涉效应。因此，在完成态中量词提升是被禁止的，如(32)所示。结果就是，完成态结构没有依赖量词提升的存在量词宽域解读。

(32)

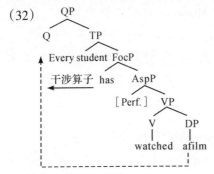

从句法角度看，如果完成态只是时体投射AspP的一种，势必无法解释上述两种用法限制产生的原因，因为在其他时体下这些限制并不存在。而从语义的角度看，无论是副词修饰语还是存在量词的宽域解读，与一般意义上的"现时相关性"都没有任何冲突，所以过去对完成态的分析很难应对这些现象。而将完成态分析成强调结构下的完整体事件，不仅解释了现时相关性的句法意义，也能更好地预测其用法与分布。这一分析完全可以借用到汉语中。

7.3　双"了"触发的现时相关性解读

汉语界对于"了"的研究多针对词尾或句尾"了"之一，将双"了"结构作为研究对象的比较少见。Soh & Gao(2006:115)认为对于一个表达有界性事件的句子来说，双"了"结构与只有词尾"了"的句子语义上没有差别，因为此时两种"了"都表示"完成"。然而，事实却并非如此。在一些情况下，双"了"结构是必要的，单纯的词尾"了"无法表达需要的含义,如(33)中的场景。这与(21)中英语完成态的用法十分接近,也就是强调与当前话题相关。

(33)A:你再吃点桃子吧。

B:我已经吃了五个了。/#我吃了五个。

(33)说明"现时相关性"的解读不仅仅是语用因素影响的结果,而是语义上切实存在的差别,所以双"了"结构不同于独立使用的任何一种"了",具有自身的句法语义功能。本章认为,汉语中的双"了"结构在功能上接近英语里的完成态,两者都是强调事件已经结束,从而在语境背景下引发会话隐含义,产生现实相关性解读。两者最大的不同在于,英语完成态中have是与过去分词绑定的助动词,所以完成态绑定了完整体,而汉语中句尾"了"作为一个焦点标记可以兼容各种时体,所以不同时体下句子中都可以在一定程度上与现时相关性联系起来。参照(22)中完成态的分析,本章认为双"了"结构也具有类似的句法结构,如(34)所示。

(34)$[_{FocP} [_{AspP} Perf(完整体)[_{vP} [_{AspQP} (词尾)了 [_{VP}]]]] (句尾)了]$

词尾"了"在(34)中本身是终结体短语Asp_0P的中心语,但在视点体短语AspP出现时可以通过一致性关系与其核查,给予事件一个完整体解读。句尾"了"则是更高的焦点短语FocP的中心语,只不过如"吗""吧"等句末小词一样,是中心语后置(head-final)结构,从而出现在句子末尾。从这一结构来看,词尾"了"的功能相当于英语中的过去分词形态,而句尾"了"相当于助动词have,只是不与完整体绑定。

这一分析可以预测到双"了"结构会与完成态一样不兼容副词修饰语。如(35),如果在句末加上一个"了"就不太好被接受。此时句子虽非完全不可理解,但总需要一些特殊语境使得"飞快地关"和"在客厅里关"具有某种特殊意义。这与单独使用词尾"了"时不需要任何语境的情况完全不同。

(35)张三飞快地/在客厅里关上了窗户(?? 了)。

同时,Li & Law(2016)指出汉语中同样有焦点干涉效应,如(36)a、(36)b所示。作为典型的wh-原位语言,汉语里特殊疑问句本不需要将疑问词提前。但在(36)a中,当主语被焦点算子"只有"约束时,疑问词"什么"留在原位便不合法,必须像(36)b中一样提升到高位。Li & Law(2016)认为这是由于一般情况下疑问词虽然看似留在原位,但实际还是经历了隐性提升,再回头约束自己原位的语迹。但当主语位有另外的算子时,这种长距离约束关系就会被干扰,因此必须通过显性移位让疑问词直接占据高位。

（36）a. *只有李四买了什么东西？

　　b. 什么东西只有李四买了？

如果本章的分析正确，那么应该可以预见到双"了"结构在包含多个算子时同样会如（26）b中的完成态一样表现出焦点干涉效应。这可由（37）a、（37）b作证。

（37）a. 每个男孩都看了一部电影。（辖域：∀＞∃或∃＞∀）

　　b. 每个男孩都看了一部电影了。（辖域：∀＞∃）

Huang（1982）曾认为汉语与英语不同，（37）a这类句子并无歧义。但Aoun & Li（1993），蒋严（1998），蒋严、潘海华（2005）等都不支持这一观点。Lin（1998）支持Huang（1982）的说法，但认为恰当的例子应如（38）所示。

（38）每一本书都有一个人没买。

（Lin，1998：239）

然而，本章认为（38）这类句子中"每一本书"并非主语，而是话题短语，因此始终占据最宽的辖域。（37）a中存在量词可以通过提升获得高于全称量词的辖域，但在（38）中不行，因为量词提升的落点也无法高过话题短语。因此，（38）并非合理的反例。实际上，多算子下的歧义解读在（39）a这类句子中更加明显。

（39）a. 两个学生看了三部电影。（三部或六部电影）

　　b. 两个学生看了三部电影了。（六部电影）

在（39）a中，可以是两个学生共看了三部电影，也可以是各看了三部，共六部电影。但（39）b加上句尾"了"，就只能是各看了三部，因为"三部电影"取宽域的解读需要量词提升，此时被句尾"了"干扰。不过，汉语wh-原位的特性也使得双"了"结构在表现上与英语完成态不同。例如，双"了"结构在特殊疑问句中不容易被接受，而完成态不受此限制，如（40）a、（40）b。

（40）a. 张三买了什么东西（？了）？

　　b. What has John bought?

（40）a带句尾"了"并非完全不可接受，但多数时候需要语境，如：已知张三有一些东西需要购买，问张三究竟买了其中哪些。不过，这一解读跟（40）b中的英语完成态并不完全相同，对应的疑问词应该是which而非what。与what不同，which的使用总是预设了一个确定的已知范围，与语境信息高度相关，因此被Pesetsky（1987）称作"D-link短语"。D-link短语与普通的wh疑问词在句法表现上有所不同，比如其可以无视优先效应（superiority effect），如（41）a、（41）b。

(41)a. *What did who buy?

　　b. Which book did which person buy?

(Pesetsky,2000:23)

(41)意味着 D-link 短语并不遵循普通 wh 疑问词的移位原则。本章认为(40)a中的疑问词只有作为 D-link 短语解读时才可接受,是因为普通 wh 疑问词受到焦点干涉效应影响:汉语中 wh 疑问词受到句首 CP 中心语位置的[+Q]特征约束,因此当句尾"了"出现时就会干扰这种约束关系,如(42)a 所示(vP 内部细节暂时忽略)。而英语完成态不受此限制,是因为 wh 疑问词已经通过显性移位到达了[Spec,CP],与[+Q]之间的关系不会受到 have 的干扰,如(42)b。

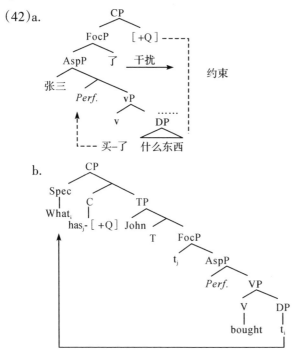

(42)a.

　　b.

不过,与(40)a 的情况不同,双"了"结构可以很好地兼容一般疑问句,如(43)a所示。本章认为,这是由于一般疑问句只包含一个 CP 中心语位置的特殊算子,这个算子在汉语中一般表现为语气词"吗",且不约束句子内任何 wh 疑问词(或者说其只约束一个初始合并在[Spec,CP]的隐性疑问词 whether,参见 Radford,2009;王晨、刘伟,2014)。如此一来,句尾"了"就不会形成干扰,如(43)b 所示。

(43)a. 张三打碎了那个杯子了吗?

　　b. [$_{CP}$ [$_{FocP}$ [$_{AspP}$张三 Perf [$_{vP}$打碎了那个杯子]] 了] 吗]

另一个重要的汉英差别是否定式。英语完成态的否定式中not位于助动词have之后,如(44)a所示。这表面上看似乎影响了本章have强调事件完成的基本假设。但本章采用Adger(2004)的观点,认为not所在的NegP在句法结构中本在have所处的FocP/AuxP之上,只是have提升到了TP中心语位置后才出现在其后。因此,not不会干扰FocP对完整体事件的强调功能,如(44)b所示。

(44)a. John has not come to London.

b. $[_{TP} [_{Spec} John] has_i [_{NegP} not [_{FocP} t_i [_{AspP} Perf [_{VP} come to London]]]]]$

汉语双"了"结构却没有标准的否定式,因为词尾"了"结构的否定式需要借助"没有"这一标记,而句尾"了"无法直接与"没有"共现,如(45)a所示。不过金立鑫(2005)指出,当时段词出现在动词前的焦点位置时,句尾"了"实际可以与"没有"共现,如(45)b所示。这间接佐证了句尾"了"本身是焦点标记观点,也预示着句尾"了"不兼容"没有"的原因可能同样与焦点解读相关。这一点本章留待将来研究讨论。

(45)a. *张三没有来伦敦了。

b. 张三两年没有来伦敦了。

7.4　本章小结

现时相关性是常见于多种语言的语法功能,但其具体定义和句法机制往往模糊不清。本章以英语和汉语为例,提出现时相关性实为焦点结构的观点。其灵活的解读来源于强调事件已完成这一事实在不同语境下引发的会话隐含义。这一观点决定了现时相关性在句法上应该由一个组合式的二元模型实现。模型二元中,一为焦点标记,二为完成时体。这在英语中表现为助动词have和过去分词组成的完成态,而在汉语中表现为同时包含词尾"了"和句尾"了"的双"了"结构。完成态和双"了"结构在句法上具有很多相似的表现,如不兼容状语修饰词、受焦点干涉效应影响等。这说明以焦点标记和完成时体表达现时相关性这一概念是一种跨语言的共通手段,或基于一种不同语言共有的认知机制。

8

总结与展望

本书是对汉语标记词"了"的一项句法研究。借用的理论框架是新建构主义浪潮下 Hagit Borer 提出的外框架理论。内容主要讨论了词尾"了"和句尾"了"两种标记的句法功能和地位,以及涉及这两种"了"的句式的推导过程。

本书从在汉语中用作时体标记的词尾"了"出发,讨论了其功能与分布,提出词尾"了"借助空项赋值这一特殊句法操作拥有同时标记终结性(内时体)和完整体(外时体)两种功能。这一假设是全书句法分析的核心,且能直接解释汉语里非终结性的事件很难兼容完整体解读这一相对受到忽视的限制。基于这一假设,本书同时演示了含词尾"了"的句子在句法结构上的推导过程,而且对比了相对于过往研究这一分析手段的优势。然后,通过与英语及苏格兰盖尔语的对比,本书将三种语言中时体系统的异同纳入同一种机制,并说明跨语言视角下内时体与外时体的联系是一种普遍现象。

不过,这种出现在谓词后的"了"虽然一般被当作完整体标记,有时却被用于非完整体的静止状态中。基于"了"仅对完整体空项赋值,本身却不代表完整体这一假设,本书讨论这种非完整体"了"的语义解读和句法地位,并按照外框架理论的思路提出完整体标记功能应该与"了"剥离,由完整体取值的外时体短语 OAspP 承担。作为体标记的"了"实际是内时体短语 Asp_0P 的中心语,在 OAspP 不出现时不会触发完整体解读。非完整体的"了"实际作用是量化"程度"这一概念,因此必须跟表示程度界限的宾语共现。句法上,表参照标准的词项受语用因素影响提升到[Spec, TopP],形成了[参照标准—形容词+"了"—程度界限]这一语序。

在静止状态之外,还有一些情况涉及非完整体的词尾"了"。这种不表达完整体的"了"在以前的研究中被称作"了₃",并被认为是一个语义上表达结果状态的补语。对于这种没有完整体解读的"了₃",本书做了进一步研究。在将"了"的完整体标记功能分离的设想下,"了"的本质是标记内时体终结性的体标记,通过一致性关系为外时体下的空项赋值,产生完整体解读。当结构中不存在外时体短语时,"了"的完整体标记功能便不会被触发,从而出现非完整体的"了"。道义情态、祈使句、非限定小句中出现的"了"均属于此情况。因此,本书认为补语性的"了₃"作为一个独立类别的"了",其存在的必要性有待商榷,句法功能不应该跟词汇绑定,而应该由结构本身决定。

基于前文的外框架分析,本书进一步讨论了三种与词尾"了"相关的句式的推导过程,分别是时量短语、动词复制和存在句。同时,还讨论了汉语事件结构中的时量短语在句法推导中的作用。本书认为时量词具有整量词的特征,因此在 DP 中占据核心位置,名词通过"的"与时量词连接。时量短语整体合并于内时体标示词,以时间长度衡量事件体量。但一些情况下时量词和名词可以分置于两处。这种情况下时量词变成动词的补充,由名词界定事件的体量。本书分析指出,动词和宾语在句法上未必具有严格的选择关系,表面上差异明显的成分在句法上可能占据相同的位置,在事件结构中起类似的作用。

而相对于时量短语在汉语里的特殊地位,其引起的动词短语连用现象在很多语言中都存在,一般被称作"动词复制"。从跨语言的角度出发,本书首先展示了汉语、希伯来语及英语中类似现象的异同,然后以此为切入点分析了各语言中句法推导的过程。本书认为,希伯来语和英语里动词复制现象的根本动因都是动词短语的主题化。只是英语中移位提升的是整个谓词部分,而且由于时态表达的需要在动词移走后助动词 do 插入了 TP 中心语位置。而希伯来语里句首的动词短语虽然也是主题成分,但只是谓词结果的一部分,而且动词移位前后两个复制体都保留在了语音层面,最后居后的动词宾语作为 vP 的嫁接语成分通过延时合并进入结构。而汉语中被称作动词复制的结构与上面两种情况都不一样,完全不涉及动词的复制和移位。本书认为居前的动词短语是语境中的既有信息,作为次要主题成分合并于 vP 之上,所以其动词没有屈折变化,宾语名词也不能带有任何修饰词。从句法角度看,主句的核心动词并没有被复制。因此,将汉语中类似的现象称作"动词复制"其实并不严谨。

本书还观察到,跨语言视角下存在句中动词后的论元往往表现出强制性的"弱解读"。这一特征出现在一系列语言中,包括英语、西班牙语、希伯来语和汉语。这一限制在过往研究中多被默认为构式本身的要求,却缺乏句法推导层面的实现机制。本书借用 Borer(2005b)中对于斯拉夫语完整体前缀的观点,在句法层面上给予了存在句一个新的分析。本书认为不同语言存在句的生成均涉及斯拉夫化,即句法结构中特定的中心语和其指示词必须接受同一赋值项约束。这一分析可以将不同语言中存在句的不同表现归结为对事件空项进行赋值的可用手段不同。

上述三种句式均可通过本书的外框架分析推导出正确的分布规律,这意味着外框架分析下的结构在实际语料和现象中得到了验证。不过这一分析也意味着虽然词尾"了"不一定触发完整体解读,但完整体解读只有词尾"了"才能触发。因此,一些表面上没有词尾"了",只有句尾"了",语义却具有完整体解读的情景就对本书的分析构成了挑战。

汉语中句尾"了"在不同情况下会表现出完整体和非完整体两种互斥的语法功能,这对相关研究造成很大障碍。本书认为词尾"了"和句尾"了"的划分应当基于句法功能而非语序位置。词尾"了"是完整体标记,而句尾"了"跟完整体无关。因此,完整体"VO-了"结构中的"了"应当也是通常出现在词尾的完整体标记"了"。本书借助PNI对汉语中完整体"VO-了"提出了一种新的分析方式。这种情况下的"了"出现在宾语之后,是因为动词和宾语受到PNI影响,VP提升到了内时体标示词位置。完整体"VO-了"表现出PNI短语的典型特征,如名词不具有指代性,只有跟动词形成特定含义的事件时才能出现,并且排斥非固定搭配的形容词和数量词修饰语。这一分析对汉语中两种"了"的划分提供更科学的依据,也为句尾"了"语法功能的探讨排除了重要干扰。

在基于句法功能对"了"的类型重新划分后,本书讨论了与时体无关的句尾"了"的功能和双"了"并用句式的含义。本书提出现时相关性这一跨语言的语法功能实为焦点结构的观点。其灵活的解读来源于强调事件已完成这一事实在不同语境下引发的会话隐含义。这一观点决定了现时相关性在句法上应该包含两个关键信息:一为焦点标记,二为完整时体。这在英语中表现为助动词have和过去分词组成的完成态,而在汉语中表现为同时包含词尾"了"和句尾"了"的双"了"结构。

不过,作为一种复杂的句法形态学结构,英语完成态确切的句法功能和语义解读从古至今一向有很多争论。多数研究认为完成态中理应包含一个静止的"结束状态",只是对这一状态的定义和来源众说纷纭。但本书认为完成态并不包含任何句法意义上的结束状态。完整体视点和焦点算子功能只是完成态仅有的两个基础部分。英语动词的过去分词形态负责传递完整体信息,助动词have则约束完整体,使其成为信息焦点。因此,完成态的解读并不固定,而是取决于强调事件已经告一段落在特定语境中究竟有何意义。这一般会触发会话隐含义。完成态不兼容地点和方式状语,在包含多个量化词时也没有低位存在量词的宽域解读。这些都是焦点干涉效应的典型特征,进一步证明了完成态是一个涉及焦点的结构。而双"了"结构和完成态在句法上具有很多相似的表现,如不兼容状语修饰词、受焦点干涉效应影响等。这说明以焦点标记和完成时体表达现时相关性这一概念是一种跨语言的共通手段。

本书的分析证明,外框架理论和其代表的新建构主义浪潮是句法研究的一个

崭新而充满希望的方向,为过去一些棘手的问题带来新的思路和可能性。其思想和操作中的核心可以总结为如下五点:

①句法功能应该由句法结构本身决定,而非特定标记所带的特征来承担;

②抽象的功能可以直接投射句法结构,标记只是关联者,不影响结构,只影响推导结果;

③标记与句法功能剥离,使得一个句法功能可以由多种手段实现;

④一个标记可以借助句法操作实现多种功能,解读灵活;

⑤不同语言的句法系统具有高度相似性,推导结果在解读上的差异有可能是受认知影响。

这五个要点不仅适用于"了"这样的汉语时体标记的分析,更可推广应用于不同语言中"灵活"与"统一"两大要求相冲突的场合,为普遍语法的研究拓展了新的出路。

相对于当前国内的同类研究,尤其是以分布式形态学等框架研究句法构词的研究,基于外框架理论的句法分析更重视原本独立存在的功能语类对句法推导的影响,这一定程度上可以规避冗余,提升效率。同时,外框架理论不完全依赖于语法化的语类标记,允许语音上不可见但句法上有影响的功能语素存在,更加适合研究汉语这类缺乏显性标记的语言。此外,外框架理论将传统观点中应属于动词语义的部分也纳入句法运算之中,让终结性、同质性这种曾划分到事件语义分类的特性有了句法上的解释,并将其扩展到一些只能在语义上归为"例外"的特殊用法中,使得理论的统一性大大加强。外框架理论没有预设语义是词汇固有的属性,而是假设语义由特殊的句法操作检索反馈得到。这一检索将推导的结果与百科知识库中的内容进行对比,成功对应的即获得相应解读。即使没有成功,语用常识和百科知识也会促使人将词汇的语义解读放宽,以消除常用词义和框架限制的冲突带来的解读上的困难,这使得语义关联变得可控。

对于词汇语义本身的界定向来面临诸多困难,很多词汇在不同结构、语境、搭配中语义存在明显差别,相互之间却又没有完全丧失联系。将词汇与功能直接绑定的词汇主义句法学视角在面对这些用法时常常会力不从心,一方面很难穷尽所有用法现象,另一方面又使得理论本身要求的细节越来越多、越来越复杂且不可预知。这一问题本质上可以归结为句法和语义之间的矛盾,即语义上的高度相关性无法反映在句法层面,而句法上规范化形式化的要求没法满足语义的多变情况。

因此,在研究观点上,本书中的外框架分析跳出了传统研究关于"词汇"与"功能"的二元划分,将词汇看作既无"语义"也无"功能",甚至本身没有语义内涵的空白成分,给予了词汇最大的灵活性。同时以纯句法手段约束定类过程和语义关联,使得整个过程可见、可控、可证伪。胡旭辉(2018)指出,功能词的具体语义也可能受到外部世界知识、语用信息的影响。在目前的句法理论框架下,功能词是句法运算的基石,功能词的语义如果也受界面条件的影响,则会对形态与词组层面的研究都产生重大影响。因此,本书的研究意在抛砖引玉,以针对"了"的具体研究为基础,展示形式语言学研究的一个发展方向。笔者希望在这一方向上能出现更多开创性的成果,并对纷繁复杂的汉语语法现象做出新的解释。

纯功能性标记"了"在对外汉语教学领域一向是一个复杂的难点,本书在跨语言对比视角下得出的结论或可为其提供借鉴。对于"了"标记的相关句式的语义分析和双"了"结构的现时相关性定义也可以为翻译工作提供一定的指导。此外,外框架理论不依赖难以定义的语义细节,而是基于独立可控的句法运行机制,因此更适合在自然语言处理中转换为算法程序语言,为计算语言学领域中的汉语研究提供一种新思路。

参考文献

ADGER D, 2003. Core syntax: a minimalist approach [M]. Oxford: Oxford University Press.

ADGER D, 2004. Core syntax: a minimalist approach [M]. Oxford: Oxford University Press.

ALEXIADOU A, 2014. Active, middle and passive: the morpho-syntax of voice [J]. Catalan journal of linguistics, 13: 19–40.

AOUN J, LI A, 1993. Syntax of scope [M]. Cambridge, MA: MIT Press.

ASUDEH A, MIKKELSEN L H, 2000. Incorporation in Danish: implications for interfaces [M]//CANN R, GROVER C, MILLER P. A Collection of papers on head-driven phrase structure grammar. Stanford: CSLI Publication: 1–15.

BAKER M, 1988. Incorporation: a theory of grammatical function changing [M]. Chicago: University of Chicago Press.

BAKER M, 2009. Is head movement still needed for noun incorporation? [J]. Lingua, 199: 148–165.

BECK S, 1996. Wh-constructions and transparent logical form [D]. Tübingen: Universitat Tubingen.

BECK S, 2006. Intervention effects follow from focus interpretation [J]. Natural language semantics, 14: 1–56.

BECK S, KIM S, 1997. On wh- and operator scope in Korean [J]. Journal of East Asian linguistics, 6: 339–384.

BORER H, 2005a. Structuring sense volume I: in name only [M]. Oxford: Oxford University Press.

BORER H, 2005b. Structuring sense volume II: the normal course of events[M]. Oxford: Oxford University Press.

BORER H, 2010. Locales[M]//RAPPAPORT HOVAV M, DRON E, SICHEL I. Lexical semantics, syntax, and event structure. Oxford University Press: 309–337.

BORER H, 2013. Structuring sense volume III: Taking form [M]. Oxford: Oxford University Press.

BOŠKOVIĆ Z, 2018. On the coordinate structure constraint, across-the-board-movement, phases, and labeling[EB/OL]. (2018–02–28). [2023–12–30]. https://ling.auf.net/lingbuzz/003894.

BRESNAN J, 1994. Locative inversion and the architecture of universal grammar [J]. Language, 70: 72–131.

CHANG C, 1991. Thematic structure and verb-copying in Mandarin Chinese [J]. Language sciences, 13: 399–419.

CHAO Y, 1968. A grammar of spoken Chinese[M]. Berkeley: University of California Press.

CHENG L, SYBESMA R, 1999. Bare and not-so-bare nouns and the structure of NP[J]. Linguistic inquiry, 30: 509–542.

CHOMSKY N, 1981. Lectures on government and binding[M]. Dordrecht: Foris.

CHOMSKY N, 1995. The minimalist program[M]. Cambridge, MA: MIT Press.

CHOMSKY N, 2005. Three Factors in Language Design[J]. Linguistic inquiry, 36: 1–22.

CHOMSKY N, 2008. On phases [M]//FREIDIN R, OTERO C, ZUBIZARRET M. Foundational issues in linguistic theory: essays in honor of Jean-Roger Vergnaud. Cambridge, MA: MIT Press: 133–166.

CHOMSKY N, 2013. Problems of projection[J]. Lingua, 130: 33–49.

COMRIE B, 1976. Aspect[M]. Cambridge, MA: Cambridge University Press.

DAHL Ö, HEDIN E, 2000. Current relevance and event reference[M]//DAHL Ö. Tense and aspect in the languages of Europe. Berlin: De Gruyter: 385–402.

DAYAL V, 2011. Hindi pseudo-incorporation[J]. Natural language & linguistic theory, 29: 123–167.

DIESING M, 1990. Verb movement and the subject position in Yiddish [J]. Natural language & linguistic theory, 8(1): 41–79.

ERLEWINE M, 2017. Low sentence-final particles in Mandarin Chinese and the final-over-final constraint[J]. Journal of East Asian linguistics, 26: 37–75.

ERNST T, 1995. Negation in Mandarin Chinese [J]. Natural language & linguistic theory, 13: 665–707.

ESPINAL M T, MCNALLY L, 2011. Bare nominals and incorporating verbs in Spanish and Catalan[J]. Journal of linguistics, 47: 87–128.

FARKAS D, DE SWART H, 2003. The semantics of incorporation: from argument structure to discourse transparency[M]. Stanford, CA: CSLI Publications.

GIORGI A, PIANESI F, 1997. Tense and aspect: from semantics to morphosyntax[M]. Oxford: Oxford University Press.

GRANO T, 2012. Mandarin hen and universal markedness in gradable adjectives [J]. Natural language & linguistic theory, 30: 513–565.

GU Y, 1995. Aspect licensing, verb movement and feature checking [J]. Cahiers de linguistique Asie orientale, 24(1): 49–83.

GUÉRON J, 2008. On the difference between telicity and perfectivity[J]. Lingua, 118: 1816–1840.

HALLE M, MARANTZ A, 1993. Distributed Morphology and the pieces of inflection [M]//HALE K, KEYSER S. The view from building 20. Cambridge, MA: the MIT Press: 111–176.

HAY J, KENNEDY C, LEVIN B, 1999. Scalar structure underlies telicity in "degree achievements" [M]//MATTHEWS T, STROLOVITCH H. Proceedings of SALT IX. Ithaca: CLC Publications: 127–144.

HAZOUT I, 2004. The syntax of existential constructions [J]. Linguistic inquiry, 35: 393–430.

HEIM I, KRATZER A, 1998. Semantics in generative grammar[M]. Oxford: Blackwell.

HUANG C-T, 1982. Logical relations of Chinese and the theory of grammar [D]. Cambridge, MA: MIT.

HUANG C-T, 2006. The macro-history of Chinese syntax and the theory of change[EB/OL]. (2006–01–12)[2023–12–30]. https://scholar.harvard.edu/sites/scholar.harvard.

edu/files/ctjhuang/files/2006.handout10.chicagoa.pdf.

HUANG C-T, 2015. On syntactic analyticity and parametric theory[M]//LI A, SIMPSON A, TSAI D. Chinese syntax in a cross-linguistic perspective. Oxford: Oxford University Press: 1–48.

HUANG C-T, LI Y-H, LI Y-F, 2009. The syntax of Chinese [M]. Cambridge, MA: Cambridge University Press.

HUANG M-J, 1987. Aspect: a general system and its manifestation in Mandarin Chinese [D]. Houston: Rice University.

IRWIN P, 2018. Existential unaccusativity and new discourse referents [J]. Glossa: a journal of general linguistics, 3: 1–42.

KATZ G, 2003. On the stativity of the English perfect[M]//ALEXIADOU A, RATHERT M, VON STECHOW A. Perfect explorations. Berlin: De Gruyter: 205–234.

KRATZER A, 1996. Severing the external argument from its verb [M]//ROORYCK J, ZARING L. Phrase structure and the lexicon. Dordrecht: Kluwer: 109–137.

KRIFKA M, 1992. Thematic relations as links between nominal reference and temporal constitution [M]//SAG I, SZABOLSCI A. Lexical matters. Stanford: Center for the Study of Language and Information: 29–53

LANDAU I, 2007. Constraints on partial VP-fronting[J]. Syntax, 10: 127–164.

LARSON R, 1988. On the double object construction [J]. Linguistic inquiry, 19: 335–391.

LEVINSON S, 2000. Presumptive meanings: the theory of generalized conversational implicature[M]. Cambridge, MA: MIT press.

LI C, THOMPSON S, 1981. Mandarin Chinese: a functional reference grammar [M]. Berkeley: University of California Press.

LI H, LAW H, 2016. Alternatives in different dimensions: a case study of focus intervention[J]. Linguistics and philosophy, 39(3): 201–245.

LI Y-H, LI H, 1990. Order and constituency in Mandarin Chinese [M]. Dordrecht: Kluwer.

LIN J-W, 1998. Distributivity in Chinese and its implications [J]. Natural language semantics, 6: 201–243.

LIN J-W, 2000. On the temporal meaning of the verbal -le in Chinese[J]. Language and linguistics, 1: 109-133.

LIN J-W, 2003. Temporal reference in mandarin Chinese [J]. Journal of East Asian linguistics, 12: 259-311.

LIN J-W, 2006. Time in a language without tense: the case of Chinese [J]. Journal of semantics, 23(1): 1-53.

LIN T-H, 2001. Light verb syntax and the theory of phrase structure [D]. Irvine: University of California Irvine.

LIN T-H, 2008. Locative subject in Mandarin Chinese[J]. Nanzan linguistics, 4: 69-88.

LINDSTEDT J, 2000. The perfect-aspectual, temporal and evidential [M]//DAHL O. Tense and aspect in the languages of Europe. Berlin: De Gruyter: 365-384.

MARANTZ A, 2013. Verbal argument structure: events and participants [J]. Lingua, 130: 152-168.

MASSAM D, 2001. Pseudo noun incorporation in Niuean [J]. Natural language & linguistic theory, 19: 153-197.

MAY R, 1977. The grammar of quantification[D]. Cambridge, MA: MIT.

MAY R, 1985. Logical form: its structure and derivation[M]. Cambridge, MA: MIT press.

MCCOARD R, 1978. The English perfect: tense choice and pragmatic inferences [M]. New York: North Holland Publishing.

MCNALLY L, 2011. Existential sentences [M]//HEUSINGER K, MAIENBORN C, PORTNER P. Semantics: an international handbook of natural language meaning (Vol. 2)[M]. Berlin: De Gruyter, 1829-1848.

MICHAELIS L, 1994. The ambiguity of the English present perfect [J]. Journal of linguistics, 30(1): 111-157.

MITTWOCH A, 1991. In defence of vendler's achievements [J]. Belgian journal of linguistics, 6: 71-85.

MITTWOCH A, 2008. The English resultative perfect and its relationship to the experiential perfect and the simple past tense[J]. Linguistics and philosophy, 31(3): 323-351.

MOENS M, 1987. Tense, aspect and temporal reference [D]. Edinburgh: University of

Edinburgh.

NISHIYAMA A, KOENIG J, 2004. What is a perfect state?[J]. WCCFL 23 Proceedings: 101–113.

NIU F-F, 2015. From "hen" to adjectival modification in Mandarin Chinese [J]. Newcastle and northumbria working papers in linguistics, 2: 96–111.

NUNES J, 2001. Sideward movement[J]. Linguistic inquiry, 32(2): 303–344.

NUNES J, 2004. Linearization of chains and sideward movement[M]. Cambridge, MA: MIT Press.

PARSONS T, 1990. Events in the semantics of English: a study in subatomic semantics [M]. Cambridge, MA: MIT Press.

PAUL W, 2015. New perspectives on Chinese Syntax[M]. Berlin: De Gruyter.

PESETSKY D, 1987. Wh-in-Situ: movement and unselective binding[M]//REULAND E J, TER MEULEN A, The representation of (In)definiteness. Cambridge, MA: MIT Press: 98–129.

PESETSKY D, 1995. Zero syntax[M]. Cambridge, MA: MIT Press.

PESETSKY D, 2000. Phrasal Movement and its Kin[M]. Cambridge, MA: MIT Press.

PHILLIPS C, 2003. Linear order and constituency[J]. Linguistic inquiry, 34(1): 37–90.

PIATTELLI-PALMARINI M, URIAGEREKA J, 2011. A geneticist's dream, a linguist's nightmare: the case of FOXP2[M]//DI SCIULLO A, BOECKX C. The Biolinguistic enterprise: new perspectives on the evolution and nature of the human language faculty. Oxford: Oxford University Press: 100–125.

PINON C, 2001. A problem of aspectual composition in Polish [M]//ZYBATOW J, JUNGHANNS U, MEHLHORN G, SZUCSICH L. Current issues in formal Slavic linguistics. Frankfurt am Main: Peter Lang: 397–414.

POLLOCK J, 1989. Verb movement, universal grammar, and the structure of IP[J]. Linguistic Inquiry, 20(3): 365–424.

RADFORD A, 2009. Analysing English sentences: a minimalist approach [M]. Cambridge, MA: Cambridge University Press.

RAMCHAND G, 1997. Aspect and predication: the semantics of argument structure[M]. Oxford: Clarendon Press.

RAMCHAND G, 2008. Verb meaning and the lexicon: a first phase syntax [M]. Cambridge, MA: Cambridge University Press.

RAMCHAND G, 2018. Situations and syntactic structures rethinking auxiliaries and order in English[M]. Cambridge, MA: MIT Press.

REICHENBACH H, 1947. Elements of symbolic logic[M]. London: Collier Macmillian.

REZAC M, 2006. The interaction of Th/Ex and locative inversion[J]. Linguistic inquiry, 37(4): 685-697.

SHEN L, 2004. Aspect agreement and light verbs in Chinese: a comparison with Japanese[J]. Journal of East Asian linguistics, 13: 141-179.

SINGH M, 1998. On the semantics of the perfective aspect [J]. Natural language semantics, 6: 171-199.

SMITH C, ERBAUGH M, 2005. Temporal interpretation in Mandarin Chinese [J]. Linguistics, 43(4): 713-756.

SMITH C, 1997. The parameter of aspect[M]. 2nd ed. Dordrecht: Kluwer.

SOH H-L, 2009. Speaker presupposition and Mandarin Chinese sentence-final-le: a unified analysis of the "change of state" and the "contrary to expectation" reading [J]. Natural language & linguistic theory, 27: 623-657.

SOH H-L, GAO M, 2006. Perfective aspect and transition in Mandarin Chinese: an analysis of double-le sentences [J]. Proceedings of 2004 texas linguistics society conference: 107-122.

SYBESMA R, 1997. Why Chinese verb le is resultative predicate[J]. Journal of East Asian linguistics, 6(3): 215-261.

SYBESMA R, 1999. The Mandarin VP[M]. Dordrecht: Kluwer Academic Publishers.

TAI J-H, 1984. Verbs and times in Chinese[M]//TESTEN D, MISHRA V, DROGO J. Papers from the parasession on lexical semantics. Chicago: Chicago Linguistic Society: 289-296.

TANAKA H, 2003. Remarks on Beck's effects: linearity in syntax[J]. Linguistic inquiry, 34: 314-323.

TORREGO E, 1989. Unergative-unaccusative alternations in Spanish [M]//LAKA I, MAHAJAN A. MIT Working papers in linguistics. Cambridge, MA: MIT Press.

TRAVIS L, 1984. Parameters and effects of word order variation[D]. Cambridge, MA: MIT.

TRAVIS L, 2010. Inner aspect: the articulation of VP[M]. Dordrecht: Springer.

TSAI W-T, 2008. Tense anchoring in Chinese[J]. Lingua, 118: 675−686.

TSAO F, 1987. On the so-called "verb-copying" construction in Chinese[J]. Journal of Chinese language teacher's association, 22: 13−43.

VAN GEENHOVEN V, 1998. Semantic incorporation and indefinite descriptions: semantic and syntactic aspects of noun incorporation in West Greenlandic[M]. Palo Alto: CSLI.

VENDLER Z, 1967. Linguistics in philosophy[M]. Ithaca, NY: Cornell University Press.

VERKUYL H, 1993. A theory of aspectuality[M]. Cambridge: Cambridge University Press.

WILLIAMS E, 2006. The subject-predicate theory of there[J]. Linguistic inquiry, 37: 648−651.

WU J, 2005. The semantics of perfective le and its context-dependency: an SDRT approach[J]. Journal of East Asian linguistics, 14: 299−336.

YANG S-Y, 2011. The parameter of temporal endpoint and the basic function of-le [J]. Journal of East Asian linguistics, 20: 383−415.

ZHANG N, 2000. The reference time of tense and the Chinese sentence-final le[EB/OL]. [2023−12−31]. https://www. researchgate. net/publication/247965935_The_reference_time_of_tense_and_the_Chinese_sentence_final_le.

ZHANG N, 2018. Non-canonical objects as event kind-classifying elements[J]. Natural language & linguistic theory, 36: 1395−1437.

ZHANG N, 2019. Appearance and existence in Mandarin Chinese[J]. Studies in Chinese linguistics, 40: 101−140.

曹逢甫,2005. 汉语的句子与子句结构[M]. 北京:北京语言大学出版社.

陈刚,1957. 北京话里lou和le的区别[J]. 中国语文(12):33−34.

程工,2018. 词库应该是什么样的?:基于生物语言学的思考[J]. 外国语(上海外国语大学学报)(1):23−30.

陈前瑞,胡亚,2015. 词尾和句尾"了"的分析模式[J]. 汉语史学报(0):77−92.

陈前瑞,胡亚,2016. 词尾和句尾"了"的多功能模式[J]. 语言教学与研究(4):66-74.

陈前瑞,王继红,2012. 从完成体到最近将来时:类型学的罕见现象与汉语的常见现象[J]. 世界汉语教学(2):158-174.

邓思颖,2010. 形式汉语句法学[M]. 上海:上海教育出版社.

韩景泉,潘海华,2016. 汉语保留宾语结构句法生成的最简分析[J]. 语言教学与研究(3):41-53.

郝婷婷,温宾利,2018. 汉语完整体悖论成因分析[J]. 现代外语(5):621-632.

胡旭辉,2016. 英语动结式研究:现状与反思[J]. 外语教学与研究(6):841-853.

胡旭辉,2018. 事件终结性的"词汇—句法"界面研究:基于生成构式理论的分析[J]. 语言学研究(1):45-59.

胡旭辉,2019. 跨语言视角下的汉语中动句研究[J]. 当代语言学(1):83-103.

蒋严,1998. 语用推理与"都"的句法/语义特征[J]. 现代外语(1):10-24.

蒋严,潘海华,2005. 形式语义学引论[M]. 北京:中国社会科学出版社.

金立鑫,2002. 词尾"了"的时体意义及其句法条件[J]. 世界汉语教学(1):34-43.

金立鑫,2003. "S了"的时体意义及其句法条件[J]. 语言教学与研究(2):38-48.

金立鑫,2005. "没"和"了"共现的句法条件[J]. 汉语学习(1):25-27.

金立鑫,于秀金,2013. "就/才"句法结构与"了"的兼容性问题[J]. 汉语学习(3):3-14.

李京廉,2009. 汉语控制的生成语法研究[M]. 北京:科学出版社.

李京廉,刘娟,2005. 汉语的限定与非限定研究[J]. 汉语学习(1):19-24.

李京廉,王克非,2005. 英汉存现句的句法研究[J]. 现代外语(4):350-359.

李梅,赵卫东,2008. 现代汉语中体的最简方案分析[J]. 外国语言文学(1):9-16.

李莹,徐杰,2010. 形式句法框架下的现代汉语体标记研究[J]. 现代外语(4):355-362.

李勇忠,尹利鹏,2018. 语言类型学视角下英汉表量的认知对比研究[J]. 江西师范大学学报(哲学社会科学版)(4):140-144.

林巧莉,韩景泉,2009. 事件终结性的语言表达[J]. 语言教学与研究(4):18-25.

林若望,2017. 再论词尾"了"的时体意义[J]. 中国语文(1):3-21.

刘勋宁,1988. 现代汉语词尾"了"的语法意义[J]. 中国语文(5):319-330.

刘勋宁,1990. 现代汉语句尾"了"的语法意义及其与词尾"了"的联系[J]. 世界汉语教学(2):80-87.

刘勋宁,1999.现代汉语的句子构造与词尾"了"的语法位置[J].语言教学与研究(3):4-22.

刘勋宁,2002.现代汉语句尾"了"的语法意义及其解说[J].世界汉语教学(3):70-79.

刘翼斌,彭利贞,2010.论情态与体的同现互动限制[J].外国语(上海外国语大学学报)(5):41-48.

卢英顺,2017.关于汉语"存在句"几个问题的新思考[J].语言教学与研究(3):70-80.

吕叔湘,1980.现代汉语八百词[M].北京:商务印书馆.

马丽霞,2001.汉语普通话中动词复制结构的句法分析[J].长沙大学学报(3):56-58.

马希文,1983.关于动词"了"的弱化形式/lou/[J].中国语言学报(1):1-14.

马志刚,2013.最简方案下的探针—目标一致关系与"虚指词there更低位插入"假说[J].英语研究(3):13-19.

马志刚,唐胜虹,2012.虚指词there合并位置的最简探索[J].现代外语(4):361-368.

彭利贞,2007.现代汉语情态研究[M].北京:中国社会科学出版社.

秦洪武,2002.汉语"动词+时量短语"结构的情状类型和界性分析[J].当代语言学(2):90-100.

邵敬敏,1988.形式与意义四论[M]//中国语文杂志社.语法研究和探索.北京:北京大学出版社:345-361.

王晨,2018.论汉语词尾"了"的双重标记功能[J].语言学研究(1):122-136.

王晨,2020a.再论"了₃"的句法语义功能[J].对外汉语研究(1):26-37.

王晨,2020b.跨语言视角下动词复制结构的句法推导[J].外语教学与研究(3):372-384.

王晨,2020c.基于伪名词合并的完整体句尾"了"的分析[J].对外汉语研究(2):36-52.

王晨,2020d.英语完成态中的焦点干涉效应[J].西安外国语大学学报(1):33-37.

王晨,刘伟,2014.最简方案框架下汉语完成体标记"了"的研究[J].语言科学(4):355-368.

伍雅清,胡明先,2013.复数标记与量词同现现象的研究[J].语言科学(4):349-356.

邢福义,1996.汉语语法学[M].长春:东北师范大学出版社.

熊仲儒,2013.当代语法学教程[M].北京:北京大学出版社.

徐烈炯,1999.共性与个性:汉语语言学中的争议[M].北京:北京语言文化大学出版社.

许歆媛,潘海华,2019."台上坐着主席团"的生成路径新探[J].语言研究(3):1-10.

杨稼辉,伍雅清,2015.再论汉语是否存在完成动词[J].现代外语(6):731-741.

杨寿勋,1998."得"的生成语法研究[J].现代外语(1):53-73.

杨寿勋,2000.再论汉语中的动词复制[J].现代外语(4):394-400.

叶向阳,2004."把"字句的致使性解释[J].世界汉语教学(2):25-39.

袁毅敏,林允清,2010.再论"有界性"[J].北京第二外国语学院学报(2):16-21.

张孝荣,2009.动词复制结构的推导分析[J].天津外国语大学学报(2):21-27.

朱德熙,1982.语法讲义[M].北京:商务印书馆.

附录　英语术语简写对照

ACC=Accusative (case) 宾（格）

ARG=Argument 论元

ASP=Aspect（时）体

CCS=Categorial Complement Space 语类补足区

CL=Classifier 类型词/量词

DUR=Durative (aspect) 持续（体）

ExP=Extended Projection 扩展投射

EXP=Experiential (aspect) 经历（体）

FocP=Focus Phrase 焦点短语

GEN=Genitive (case) 领属（格）

IMP=Imperfective (aspect) 非完整体

NEG=Negative (morpheme) 否定（语素）

NI=Noun Incorporation 动名融合

OAsp=Outer Aspect 外时体

PAST=Past tense 过去时

PFV=Perfective (aspect) 完整（体）

PNI=Pseudo-Noun Incorporation 假性动名融合

PredP=Predicate Phrase 谓词短语

PROG=Progressive 进行（体）

Q=Question (marker) 疑问标记

REL=Relative (marker) 关系（标记）

Spec=Specifier 指示词

TOP=Topic 话题